JN271221

人材紹介のプロがつくった

発達障害の人の就活ノート

石井京子 著

弘文堂

はじめに

　高校や大学を卒業し、初めて社会へ一歩踏み出す皆さんへ。
　経済環境の変化などさまざまな不安を感じながら、生まれてはじめて現実と直面することになり、どのように就職活動を進めてよいか分からず、立ちすくんでいる皆さんへ。
　小・中・高・大学と、なんとか学校生活を無事に終えることだけを第一に、一生懸命にやってこられた保護者の方々へ。

　本書は、発達障害の方に向けた就活（就職活動）ガイドです。一般的に、就職活動をする際にはその記録のための「就活ノート」を各自が作ります。もしそれを人材紹介のプロが作ったら、役立つポイントが盛りだくさんのノートにできるだろうと考え、『発達障害の人の就活ノート』と名付けました。

　学校を卒業すれば、ほとんどの人が働きます。皆さんは働き、働いたことによって得た収入で生活をしていくわけです。これまで学校の成績は筆記試験の点数で評価されていました。しかし、就職となれば筆記試験だけで合格するものではありません。コミュニケーションや相手の意図をくんだ受け答えが苦手な発達障害を持つ方も、ハードルの高い就職活動に立ち向かっていかなければなりません。

　発達障害の方も、自分が何のために働くかを考え、どのように就職活動を行うかという基本は同じです。職を得るために自分を知り、なおかつ面接では自分の得意なことをアピールしなければならないのです。

皆さんのなかには、障害者手帳を取得している人もいるのではないかと思います。障害者手帳を取得すると、障害者採用への応募が可能となります。しかし、障害者雇用の枠なら誰でも採用されるわけではありません。企業の求めていることと皆さんの考えていることには、ギャップがあるからです。

　就職活動では、企業がどんなことを知りたくて、どんな人を採用したいかを探ることも大切です。社会の荒波に一人で立ち向かい、多くの失敗から解決方法を見出していかなくてはなりません。この本では、発達障害を持つ方が就職活動の第一歩を踏み出すための基本的な知識とノウハウを紹介しています。

　私は障害者専門の人材紹介コンサルタントとして、企業の人事担当者と採用について打合せをし、一方では障害を持つ皆さんと面談を重ねてきました。本書では、企業と当事者双方について熟知しているコンサルタントだからこそ伝えられるポイントを紹介しています。発達障害を持つ方によくある事例と、私が受けた質問を元に解説しましたので、就職活動の具体的なイメージを持ちやすくなると思います。その分、皆さんの就職活動の成功を願って、敢えて厳しいことも伝えています。

　この本が、自分に合った就職活動の方法を見つけ、就職という新しい一歩を踏み出すきっかけになれば幸いです。

石井京子

目次

はじめに

第1章 就活、その心がまえ … 1

- 働くことを考えてみよう … 2
- 学生と社会人の違い … 4
- 障害者雇用とは … 6
- 障害者手帳をとる？ とらない？ … 8
- 経済環境の変化がもたらしたもの … 10
- 相談に訪れる発達障害の方の様相 … 12
- 大学から就労へ … 16
- 大企業のブランド志向はなくそう … 18
- 企業のホンネ … 20
- 就活準備どこまでできたらよいか？ … 22

コラム　**学齢期からの就労準備**　江口博美 … 26

第2章 障害者採用就活のチャネル … 31

- 障害者採用　就職活動のチャネル … 32

コラム　**発達障害がある人の就労**　二宮信一 … 38

第3章 障害者専門の人材紹介会社 … 43

- 障害者専門の人材紹介会社 … 44
- 企業が人材紹介会社を利用する理由 … 48
- ジョブマッチング … 50
- 人材紹介会社を選ぶポイント … 52
- 人材紹介会社を利用する際の心構え … 56
- 人材紹介会社をうまく利用する … 58

　　　　　　人材紹介会社に登録する 59
　コラム　当事者が考える就労に本当に必要なこと
　　　　　　村上由美 60

第4章　仕事と会社の選び方 65

　　　　　　自分の特性を考える 66
　　　　　　発達障害の人に適した職業 68
　　　　　　現実的かつ適した職業とは 70
　　　　　　職種を読み解く ~IT系 72
　　　　　　職種を読み解く ~ 事務職 74
　　　　　　適していない仕事 76
　　　　　　企業の求める人材像 78
　　　　　　人材紹介コンサルタントが考える就労の条件 80
　　　　　　ハローワークを利用した求人の探し方 82
　　　　　　就職説明会と応募企業の絞り込み 90
　　　　　　Sさん(20代男性)の場合 92
　　　　　　就職面接会 当日の流れ 94
　コラム　発達障害の方に社会性を教える学校、翔和学園の試み
　　　　　　佐藤貴紀 96

第5章　採用試験突破のために 101

　　　　　　履歴書の書き方 102
　　　　　　面接でのマナー・身だしなみ 110
　　　　　　面接の流れと質問例 112
　　　　　　面接テクニック 116
　コラム　自閉症の強みを引き出す企業、Kaien
　　　　　　鈴木慶太 120

第6章　先輩に学ぶ ……………………………………… 125

- Aさん (20代女性) の場合 ~ 学習障害・アスペルガー症候群 … 126
- Bさん (30代女性) の場合 ~ アスペルガー症候群 … 128
- Cさん (20代男性) の場合 ~ 広汎性発達障害 ……… 130
- Dさん (30代男性) の場合 ~ アスペルガー症候群 … 132
- Eさん (30代女性) の場合 ~ 広汎性発達障害 ……… 134
- 知的障害を持つ方の活躍 …………………………… 136

コラム　特例子会社という選択肢　石井京子 ……… 140

第7章　働き始めてからのポイント ………………… 143

- トラブルの時は ……………………………………… 144
- コミュニケーションで困ったら …………………… 146
- 職場の困りごと ……………………………………… 148
- 感覚過敏への対応の仕方 …………………………… 152
- ビジネスシーンにおける身だしなみ ……………… 155
- 社会生活をスムーズに送るためのスキル ………… 156
- 職場の人間関係のための基本的なこと …………… 160
- 仕事の基本 = ホウレンソウ ………………………… 162
- 電話のマナー ………………………………………… 164
- ビジネスに適した言葉遣い ………………………… 166

コラム　日本の将来のために　石井京子 …………… 168

支援機関一覧 ……………………………………………… 173
おわりに

第1章

就活、その心がまえ

働くことを考えてみよう

　これから就職活動を始める皆さんはまず「どう働きたいか」「将来どのような仕事に就きたいか」を考える必要があります。薬剤師や栄養士など専門の資格を取るために専門の大学に進学した方は目標に向けて突き進んでいると思いますが、多くの大学生の場合は就職活動を始めなければならない時期になって、はじめて自分の将来を考える場面に直面するわけです。

　まず「どう働きたいか」を自分の価値観と照らし合わせながら、考えてみましょう。「社会に貢献する仕事がしたい」「子どもの可能性を伸ばす教師になりたい」「趣味を活かした仕事がしたい」「自動車作りに携わりたい」などいろいろな夢を持っているはずです。

　次に、「将来どのような仕事に就きたいか」を考えるために、まずはどのような企業があるのか、そこにはどのような仕事があるのかを本やインターネットを利用して調べてみることから始めます。情報収集をしているうちに、いろいろな業界や仕事に興味を持つようになり、漠然とこのような企業に応募してみたいという思いが生まれてくることでしょう。

　さらに、「どう働きたいか」「将来どのような仕事に就きたいか」のイメージをふくらませたところで、果たして自分は「その職業に向いているか」を考えることも重要です。将来を考えるときには、自分の特性を

きちんと理解することも大切な第一歩です。
　では、自分が希望する職業が固まったところで、その仕事に就くことができるでしょうか？

　残念ながら、誰もが自分のなりたい職業や携わりたい仕事に就くことができるわけではありません。民間企業への就職も企業の業績などによる採用予定人数の増減で、人材の売り手市場から就職氷河期の再来まで就職の難易度は大きく変化します。景気がいいときには就職先をある程度選ぶことができますが、景気が悪い時期は選んでいる余裕はありません。安定性を求めて公務員になることをすすめる保護者の方も多いと思います。このように経済環境なども考慮しながら、就職先を探さなくてはなりません。とくに、昨今のような厳しい就職状況下では、希望の業界、職種を選んでいられない厳しい状況があるのも事実です。就職するためには多少の妥協も必要です。

　このような就職活動という場面において、皆さんは初めて社会の荒波に直面するかもしれません。学生から社会人になって働き始めようとするならば、意識を大きく切り変える必要があります。今までのように受けたい授業だけ受ければよいというわけにはいきません。決められたルールに従って、1日の大半を会社で過ごすことになります。新しい環境に慣れるのに時間がかかる人もいるでしょうが、自分なりに工夫や努力をして、働くことを通じ、いろいろな経験とスキルを身につけ、社会人として自立・成長していかなくてはなりません。それぞれの特性を活かして、個々のレベルに合わせた目標に向かって努力していくことが求められます。あなたにとっての、「働くこと」の意義をいま一度考えてみる必要があります。

学生と社会人の違い

　社会人になる心がまえとして知っておかなければならないことは、学生と社会人とでは絶対的な違いがあるということです。学生の間はお金を払って授業を受けていました。つまりお金を払う消費者、お客様の立場にあったのです。一方、社会人になると会社に労働を提供し、その対価として給与をもらう立場になります。給与をもらうためにはそれに見合った労働を提供する義務があります。

　会社とその社員は契約関係にあります。入社するときにあなたと会社は契約を交わします。あなたには勤勉に就労する義務があり、その労働条件は書面で通知されます。会社とあなたの双方がこの労働条件を確認し、お互いに義務を果たす責任があります。"会社があなたに期待するのはこういうことです。それに対して会社はこういうものを提供します"というようにお互いの権利と義務を確認しておくことは、非常に大事なことです。

　学校を卒業したばかりの新入社員は、最初は仕事をこなすのが精いっぱいだと思います。この段階では与えられたことを言われたとおりにこなすだけですから、仕事とはまだ呼べず、作業のレベルです。新入社員の働き方は会社からすればまだ給与の対価と言えるものではなく、将来仕事がこなせて、会社が望むレベルの働き方ができる社員になってもらうための投資として支払われています。企業が社員に支払っているのは給与だけではありません。社会保険料や福利厚生費、教育研修費、その

社員を指導するために先輩社員が費やす時間および人件費に至るまでコストがかかっていることを理解しましょう。

　さて、会社に入って仕事を与えられるわけですが、必ずしも自分のやりたい仕事が与えられるわけではありません。会社で働くということはどんな仕事でも責任を持って取り組むということです。また、誰にでも苦手なことはあると思いますが、苦手なこともできるだけ克服する努力をしましょう。初めから何でも完璧にこなせる人はいません。どんな仕事も嫌がらずに引き受け、完璧にこなせるよう努力していくことにより人は成長していきます。

　仕事をするうえで大事なことは、"自分の考える完璧"を追及するのではなく、"会社の期待に応える"という目線を持つことです。発達障害を持つ方には、他者の立場や気持ちになって考えることが苦手な方が多く、自分なりの完璧さにこだわりがちですが、長い社会人生活の中でこの目線を持つことは非常に重要です。毎日の仕事を通じて、工夫し、努力し、期待に応えることで、あなた自身が成長し、あなたの成長は会社での評価につながります。最終的に、会社でのあなたの評価はあなたの昇給と昇進につながります。

　そして、学生の時にはあまり気にしないで過ごしてきたかもしれませんが、会社に入ると社会人としてのビジネスマナーも必要になります。人生のうちの長い時間を職場で過ごすわけですから、職場の人たちと良好な人間関係を築く方法や工夫をぜひ学んでおきましょう。社会生活をスムーズにおくるための技術やビジネスマナーはp.156～167で紹介します。

障害者雇用とは

『障害者白書 平成28年版』によると、全国の障害者数（推計）は787.9万人です。その内訳は、身体障害393.7万人、知的障害74.1万人、精神障害392.4万人となっています。そのなかで近年、知的な能力に顕著な遅れのない、アスペルガー症候群、注意欠陥・多動性障害（ADHD）、学習障害（LD）、広汎性発達機能障害（高機能自閉症）などを含む発達障害の方が、障害者雇用の現場で注目されるようになってきました。

それでは、そもそも障害者雇用とはどのような制度なのでしょうか？わが国の法律（障害者の雇用の促進等に関する法律）では、一般の民間企業は2.0％（50人以上の従業員に1人）の障害者の雇用義務が定められています（特殊法人、国・地方公共団体は2.3％、都道府県の教育委員会は2.2％）。このパーセンテージを法定雇用率といいます。この法定雇用率が大幅に達成できていない企業に対しては、ハローワークによる行政指導が行われます。また、納付金制度により、企業は法定雇用率に足りない人数分の納付金（1名につき月5万円。ただし、企業規模により軽減措置あり）を納めなくてはなりません。また、再三の行政指導にも関わらず障害者雇用が進まない場合、最終的には雇用率未達成企業として社名が公表されます。つい数年前までは、企業には納付金さえ納めていればよいという考え方がありましたが、現在はコンプライアンスやCSR（企業の社会的責任）の考え方が進み、積極的に障害を持つ方を採用しようとする動きがでてきました。その背景には社名公表による企業イメージの低下を極力避けたいとする企業側の事情があります。

それでは、発達障害の方もこの障害者雇用枠に応募することができるのでしょうか？

実は、「発達障害」という診断名だけでは障害者雇用の対象とはなりません。現在の制度上、「療育手帳」もしくは「精神障害者保健福祉手帳」を取得すると障害者雇用の対象として扱われます。

なお、「療育手帳」の取得の対象となるかどうかの判定は知能検査（幼児期は発達検査）でIQなどを測定して行われます。判定基準は自治体により若干の差があります。判定は、18歳以上は知的障害者更生相談所、18歳未満は児童相談所で受けます。発達障害の診断を受けていて、就労が続かないなど社会生活上の困難がある場合は、基準を引き下げて交付する自治体もあります。自閉症の診断書があってもIQが判定基準以上である高機能自閉症の場合は、療育手帳は交付されません。

「精神障害者保健福祉手帳」は精神科医の診断書が必要ですが、「広汎性発達障害」という分類で手帳が交付されるかどうかは、都道府県によって異なります。

障害者手帳を取得したからといって、必ずしも障害者雇用枠での採用のチャンスが大幅に広がるわけではありません。障害者雇用枠といえども、戦力になる人材が望まれているからです。しかし障害者雇用枠で就職すれば、特性についての配慮が得られやすくなるので、多少なりとも就職のチャンスが広がり、長期の安定した雇用につながる可能性が高まります。企業側が、発達障害とその特性を十分に理解しているとはいえませんが、特別な配慮の下で働くことが可能になるという点においては、メリットは十分あるのではないでしょうか。

障害者手帳をとる？
とらない？

　相談に来る新卒見込みの方は、必ずしも障害者手帳を取得している方とは限りません。就職を目前にして、就職活動をどのように進めていけばよいか分からないため、相談に来る方がほとんどです。相談の時点では、自分にどのような仕事ができるのかを想像できない方もいれば、自己PR文さえうまくまとめられない方もいます。就職活動では、一般就労であっても、障害者雇用枠の就労であっても、面接できちんと自己紹介ができ、面接官の質問にもうまく受け答えができなければなりません。そのうえで、その会社に入社し活躍したいという意欲を伝え、その気持ちが相手に伝わらなくてはなりません。自分一人ではうまく就職活動を進められないと気づいたら、早目に支援機関に相談するのがよいでしょう。大学のキャリアセンター（就職課）や公的支援機関など、どこを利用しても構いません。どの支援機関にも専門のキャリアアドバイザーがいますので、就職活動の相談にのってくれるはずです。あなたが一番相談しやすい人を見つけて相談してみましょう。さまざまな支援機関があります（p.173 参照）。

　一方、一般就労で壁にぶつかって退職した方の多くは、診断を受けて、「自分の特性が分かった」、「今まで皆と同じようにできなくて悩んでいたが、自分の努力不足でないことが分かってホッとした」と言います。そして、今後は自分の特性をオープンにして、配慮してもらえる会社で働きたいと障害者雇用枠での就労を希望されます。その決意をするまで

には、自分の障害を受容すること、障害者手帳を取得することを含めて、一つ一つ長い時間をかけて考えてきています。そのうえで、障害者雇用枠での就労を決断する方が多いのです。

　発達障害に限らず、障害を持つすべての人に言えることですが、障害を持っていることを周りの人に言うか、言わないかは永遠のテーマです。どちらがよいとは誰も決めることはできません。公表するかしないか、障害者手帳をとるかとらないかは、本人が決めることです。手帳を取得することは本人にとって大きな決断だと思いますが、一つだけ言えるのは、障害者手帳を持っているかどうかは、"本人が申告"しないと雇用者も周囲も分からないということです。実際、手帳を取得しても、持っていることを周囲に言わない方もいます。また、就職に関しては"一般就労"と"障害者雇用枠"での応募を並行して行っている方もいます。手帳の取得と就職活動の方法の選択は、あなた自身が決めることなのです。

　障害を公表せずに一般就労の中で頑張っていくのも選択肢の一つでしょう。ただし、その場合は通常の競争原理の元で成果を求められながら働くことを理解し、覚悟しておかなくてはなりません。もし、なんらかの不安があるのであれば、障害者手帳を取得し、障害があることを公表し、障害者雇用枠で就職するという選択肢があります。障害者雇用枠での就労は採用の可能性を少しでも広げ、特性についての配慮を得られることで、安定した長期就労につながる可能性が高まるでしょう。
　また、手帳を取得するその他のメリットとしては、税金の控除や交通運賃の割引制度などです。少なくとも手帳を取得しているということでの税制面でのデメリットはありません。一方、一部医療者などの国家資格では心身の障害は欠格事由の一つとなっています。

経済環境の変化が
もたらしたもの

　2008年秋のリーマンショック以降、経済環境の悪化が雇用に大きな影響を与えました。採用の抑制により一般の求人が減り、コスト削減のために派遣社員がまず減らされました。そして、今まで求職者が売り手市場であった時代は一転し、採用基準が上がるだけでなく、採用を手控える企業が続出し、バブル崩壊後の就職氷河期以上の厳しい状況になったのです。雇用の悪化は障害をオープンにせず就労していた多くの発達障害の方にも影響を与えました。そしてこれから就職活動を始める発達障害の方も大きな困難に直面しています。

　そのような状況を背景に、私たちのところにも発達障害の方およびその保護者の方からの相談件数がここ数年増えてきました。相談に来る方の年齢は高校卒業を目前とする18才から、就業経験の豊富な40代の方までさまざまです。就業経験のある方の場合は、大学を卒業してから一般就労に就いて壁にぶつかった方が多いという印象を持ちました。初めての職業選択で適性に合わない職種に就いたことが主な理由であろうと当初私は考えていました。

　しかし、面談を重ねていくうちに、他にもいろいろなことが分かってきました。相談者の職歴を聞くと、新卒で正社員として就職した会社を退職した後は派遣社員として働いていたという方が意外と多く、そして比較的最近になって発達障害の診断を受けた方が多いことに気付いたの

です。

　この事実から推測すると、景気の良かった2008年夏までは派遣社員の仕事が多数あったので、職探しに苦労することなく、派遣社員として就業することができていたと想像されます。派遣社員の仕事は企業の指揮命令者の元で"比較的定型的な業務に従事することが多い"ことと、"周りの人と特別な関わりを持たなくてもよい"ことから、就業できる能力があり、周りとのコミュニケーションを苦手とする方にとっては安定して働ける環境であったようです。

　2010年現在の雇用環境をみると、企業がハローワークに1名の募集を出すと、100名の応募が集まるというような「買い手市場」です。ひと頃の、ハローワークに募集を出してもまったく人が集まらないといった話はまるで夢のような状況です。また、最近では派遣社員の仕事も少なくなり、ある企業では派遣会社に1名の派遣の依頼をすると、さまざまな派遣会社から80～90通ものスキルシート（派遣会社が使用する派遣社員の略歴）が届く場合もあるそうです。雇用状況の悪化は発達障害を持つ方の雇用にも大きく影響を与えているに違いありません。

　では、求人が減っているなかで、どのように就職活動をしたらいいのでしょうか？　もちろん、求人数が多いに越したことはありません。ただ、当たり前のことですが、何十社に応募したとしても皆さんが実際に入社できるのはその中の1社だけです。その1社をうまく見つけることができればいいわけです。皆さん一人ひとりにとってのその1社を見つけるためにどうしたらいいかを考えることが大切です。
　本書では、皆さんが就職活動を進めるにあたり、知っておいた方がよい情報を紹介します。

相談に訪れる
発達障害の方の様相

　前項で触れたとおり、ここ数年、発達障害の方の相談件数が増えています。相談に訪れる発達障害の方は、登録者全体の約1割強を占めます。年齢層はさまざまですが、プロフィールは、①新卒・第二新卒、②アルバイト就業中、③一般就労、の3つに分けることができます。

✓ 新卒・第二新卒

　最近、発達障害あるいは発達障害の疑いのある子どもを持つ保護者の方だけで相談に来るケース、あるいは発達障害を持つ本人が保護者と一緒に相談に来るケースが増えています。子どもが小学生のときから、宿題の手伝いをし、忘れ物がないか、時間に遅れないかなどすべてを見守り、学校や周囲の方にお子さんの特性を受け入れてもらえるよう奮闘してきた保護者の方ばかりで、就職という場面においても本人に何とか就職活動をさせなくてはという気持ちが強くなるのはよく分かります。しかし、母親だけが熱心で、本人はまだ自立できていないと思われるケースも多々見受けられます。どのタイミングで自立を促すかは判断が難しいところですが、将来の自立と就職を見据えて、本人から一歩離れたところでのサポートが必要ではないかと感じることもあります。
　たとえば、キャリアアドバイザーが面談をする時、本人に質問しても本人が答える前に母親が答えてしまうケースや、あるいは本人が自分で考えることなく、毎回お母さんの顔を見て指示を待つというケースも少

なくありません。このようなケースの場合、本人と保護者の両方に「これからは本人が一人でやっていかなくては」という自覚がなによりも必要です。本人に、しっかり自立して頑張っていくのだという気持ちの準備ができていると、仕事の紹介から面接、内定まで就職活動は比較的スムーズに進みます。しかし、本人がそういう気持ちになっていない場合は、私たちは時々活動状況を確認しながら、気持ちの準備が整うのを待つしかありません。

　その他、サポート校（不登校経験者や発達障害を持つ生徒の学習を支援する教育施設）を卒業予定の生徒にも、進路指導担当の先生を通して就労支援を行っています。進路指導に力を入れている学校の生徒は、ビジネスマナーがきちんと身についているので仕事を紹介しやすいと感じています。また、卒業予定の生徒は就職を目指し卒業目前に手帳を取得した方が多いようです。

　新卒・第二新卒の方に伝えたいことは、礼儀やビジネスマナーはいざ就職ということになってから本を読んだり、練習したりしてもすぐには身につくものではないということです。日常生活で行っていないことは咄嗟の時にはできません。普段から礼儀正しい、その場にあった振る舞いができるよう、心がけましょう。

アルバイト就業中

　サポート校を卒業し、あるいはサポート校から専門学校に進み、卒業後はアルバイトで就業している方も多くいます。勤務条件はフルタイムではなく、時給制で週3日程度のアルバイトが多いようです。卒業時の就職活動は一般枠で応募してみたものの、うまくいかなかったため、そのままアルバイトを続けているようです。障害者手帳を取得していても

障害者雇用についての知識がないまま、現在に至っている人もいます。仕事をする意欲は十分に持ちながらも、就職の具体的なイメージが持てないため、自分の中にうまく取り入れられていないように思います。まだ就職に対してのイメージを持っていない場合は専門家に相談してみてください。発達障害を持つ方が利用できるさまざまな支援機関があります（p.173 参照）。支援者の力を借りて、就職活動の流れとコツをつかみ、就職活動をスタートさせましょう。

一般就労（高学歴）

　相談者の中には、国立大学や有名私立大学を卒業した方も多く、社会に出て初めて挫折を経験した方もいます。その後は転職を繰り返しながらこの数年間は派遣社員として長く就業している人が多いのが特徴です。20～30代になってから発達障害の診断を受けた方は、「診断を受けてホッとした」、「今まで"なぜ自分はできないのか？"と悩んでいたが、理由が分かって気持ちがすっきりした」などと口々に話します。また、障害者手帳の取得や障害の公表のきっかけは、「派遣の仕事が少なくなってきた」、「職場の人にいくら注意しても仕事がうまくできないと非難された」、「上司との関係など、人間関係がうまくいかなかった」などさまざまながらも、手帳の取得をきっかけに障害者雇用の枠の中で長期雇用を希望している点は共通しています。

　以上の3つの層において共通して言えることは、学歴を問わず、就労のための訓練を受けた方の就職率が高い傾向にあるということです。つまり、大学を卒業することが就職の条件ではなく、在学中に手帳を取得して、サポート校などを卒業した後、公的もしくは民間の職業訓練を受

けた人たちのほうが就職しやすいのです。これは、その人たちが自分のできることを知ったうえで、実習や訓練を通じていろいろな経験を積み、自分のできる仕事で頑張ろうという気持ちの準備ができているからに違いありません。その意味では、ある時期に自分の特性を受け入れ、かつ将来を考えた進路選択をすることが重要といえます。

✓ 手帳を取得していない人

相談に来る方の中には、明るく素直で手帳の対象者とは思えない若者もいます。しかし、じっくり話をしてみると、仕事のスピードばかりでなく、臨機応変な対応が苦手で、手先が不器用なことなどさまざまな要素が発達障害の特性と重なる部分が多いことに気付きます。職歴も、新卒で入社した会社を短期で辞めてアルバイトをしている方が多く、その点では「アルバイト就業中」の層と一致します。

しかし特徴的なことは、「アルバイト就業中」の手帳取得者が自分にできる仕事（極めてパターン化された業務）に従事しているのに対し、この層の人たちは、サービス業の接客など自分に適していない仕事に就き、苦労していることです。そこで、「接客の仕事は向いていないのではないでしょうか？」と話し、適していると思われる業界と職種などを伝えています。

これらの方は手帳を取得していないので、地域障害者職業センターなどの支援機関を利用できません。そこで、若者サポートステーションや、就職支援ナビゲーター（旧就職チューター。ハローワークに配置された専門の相談員で、発達障害に特化せず、コミュニケーション能力に困難を抱えている求職者にマンツーマンで相談・支援を行う）の利用なども案内しています（p.181 参照）。

大学から就労へ

　現在、大学では発達障害あるいは発達障害の疑いのある学生たちの相談窓口として学生相談室が大きな役割を果たし、大学生活をスムーズに送るためのサポートをしています。
　たとえば富山大学では、学内SNSを活用して、オンラインでの発達障害学生支援と全学的な障害学生支援ネットワークの強化を図り、発達障害を持つ、持たないに関わらず、すべてのコミュニケーションに関わる困りごとの支援を目的とした「トータルコミュニケーション支援室」を設置し、日常生活と修学を包括したスケジュール管理支援などを行っています。

　しかし、こと就職に関してはどうでしょうか。大半の大学のキャリアセンター（就職課）では、発達障害を持つ学生をすべて把握しているとはいえず、就労に関する情報を十分に提供できていません。発達障害を持つ学生が就職課にサポートを求める場合、職員に自分の障害を明らかにして、就職サポートを依頼することから始める必要があります。就職課では「新規大学等卒業予定障害者対象企業説明会」の開催情報の提供や、履歴書の作成についてアドバイスしてくれるでしょう。しかし、就職活動を始める時点で手帳を取得している方は少ないと思います。そうすると、一般の就職活動の中で競争していかなければなりません。

　私は、発達障害を持つ方が就職を考えるにあたり、自分を理解する作業が大学生活のかなり早い段階で必要なのではないかと思います。なぜ

なら、発達障害を持つ方は自分のやりたいこととできることに大きなギャップがあり、それを理解していないことで、明らかに適性に合わないと思われる職業を選択したり、臨機応変な対応が要求される求人に応募してしまうことが多いからです。

　私は常日頃「すべての人が希望している職業に就けるわけではないことを、皆さんにどのように理解してもらえるのか」を考えています。そして求職者の方には、希望する仕事に就くことが難しいことを受け入れながらも、モチベーションを低下させることなく、応募する職種を変更し、新たにチャレンジする意欲を持って欲しいと思っています。そのためには、長い時間が必要です。

　相談に来る発達障害の方には、国立大学や有名私立大学を卒業した20～30代の方が多数います。比較的最近、発達障害の診断を受けた方は、卒業後に一般就労で社会に出て、さまざまな問題を抱えた方、壁にぶつかった方がほとんどです。企業が求める仕事をするうえで必要なスキルとは、「コミュニケーション能力」「チームで協働できる能力」「問題解決能力」などで、発達障害の方が苦手とすることばかりなのです。学校の成績が良かったからといって、必ずしも会社で活躍できるとは限りません。作業能力が伴わない方や周りと協働して仕事が進められない方、会社のルールに従うことができない方もいるからです。

　このように、大学を卒業することが就職の条件でないとしたら、進路決定については早目に考え、家庭で話し合っておく必要があるでしょう。また就職に際して、学生は自分自身で「その仕事をするために必要なスキルを身につけているか」、「その仕事は自分にとって困難ではないのか」をよく考えて、自分の就職先を決定する必要があります。

大企業のブランド志向は
なくそう

　一般的に、新卒見込みの方、社会経験が少ない方、そして保護者の方の中には、有名な大企業しか目に入らない方がいます。有名大企業ほど積極的に障害者雇用に取り組んでいるので、障害者専門求人サイト、障害者就職面接会では、テレビCMでよく見るような有名企業の社名がずらりと並んでいるはずです。相談のために来社する発達障害を持つ方にも、大手企業にだけ応募して書類選考で落ち続けている方がたくさんいます。障害者専門就職情報サイトだけを利用し、大企業の正社員の求人だけに応募しているのだったら、あなたの就職活動の進め方ははっきり申し上げて"間違い"です。

　求職者の皆さんの就職・転職のアドバイス、企業に対しては障害者雇用のコンサルテーションに長年携わってきた立場から、これから就職活動を始める皆さんに詳しく説明しましょう。

企業規模別雇用率

　統計から説明したいと思いますので、企業規模別に障害者の実雇用率を見てみましょう。平成28年の民間企業における法定雇用率は2.0％で、平成28年6月1日現在の実雇用率は1.92％でした。民間企業で雇用されている障害者数は47万4,374人で（※短時間勤務の場合0.5人とカウントする）、従業員数1,000人以上規模の企業における障害者雇用率は2.12％でした。この数字から皆さんは何を読み取るでしょうか？

従業員数1,000人以上規模の企業では、すでに障害者雇用に十分に取り組み、法定雇用率に達している。つまり、このような規模の企業には新卒以外の就職のチャンスはあまりない、もしくは採用のチャンスがあってもかなりハードルが高いということです。枠が少ない訳ですから、新卒だとしても、一般採用で内定を勝ち取る実力があるような方でないと、という狭き門と想像されます。

中小企業にチャンスがある

　では1,000人以下の企業での実雇用率はどうかというと、50～99人規模企業は1.55％、100～299人規模企業は1.74％、300～499人規模企業は1.82％、500～999人規模企業は1.93％となっています。よりチャンスがあるとすると、パーセンテージの低い100～299人規模の企業ですし、300～499人規模の企業でもまだ採用の余地があると言えます。

　日本全国約382万社※ある企業の中で、1,000人以上規模の企業は0.3％しかありません。99.7％は中小企業（一般的に300人以下）なのですから、大企業への就職のチャンスが少ないからと言って、がっかりする必要はまったくありません。

　中小企業にも長い歴史を持ち、堅実な経営を継続している企業は多くありますし、創業間もなく、これから伸び盛りの企業もたくさんあります。皆さんの就職活動を成功させるためには、大企業のブランドネームにとらわれずに、自分に合った企業、自分を受け入れて、なおかつ成長させてくれる企業を見つけて欲しいのです。

　自分に合った企業をどのように見つけるか、そのための具体的な方法をこれから説明していきます。

※）小規模事業者を含む（2016年版中小企業白書）

企業のホンネ

特例子会社は知的障害を中心に雇用

　東京都内の特例子会社では、知的障害を持つ方の雇用が進んできました。特例子会社での仕事は、これまで清掃や軽作業が主流でしたが、最近では都心のオフィスの事務部門での仕事も多くなってきました。たとえば、大企業では1日に大量の郵便物を取り扱うので、メール室で郵便物の仕分けやデリバリー業務に従事する仕事や、情報の保護のため大量の書類のシュレッダー処理に従事する仕事などです。また、大量に紙の資料を作成する企業ではコピー室の業務もありますし、逆に文書の保存のために、書類をスキャニングして電子ファイル化し、サーバー上のフォルダに保存する業務などもあります。これらの定型化された業務が知的障害を持つ方の業務として用意されるようになりました。

発達障害の方の雇用のノウハウがない

　私はさまざまな特例子会社を訪問して話を聞いてきましたが、知的障害を持つ社員を多く受け入れ、雇用管理に携わってきたという豊富な経験を持つ担当者に、こんな質問をしてみたことがあります。
　「現在、発達障害を持つ方の相談が増えてきています。周囲とのコミュニケーションをやや苦手としていますが、集中力が高く、一つの業務に真面目に取り組む方たちです。今後のご採用の検討をされてみてはいか

がでしょうか？」

　それに対して、複数の特例子会社の立上げに携わったその方は、「知的障害の雇用についてはノウハウを持っていますが、残念ながら発達障害の方に対するノウハウはまだ持っていません」と仰ったのです。

　近年、増加が指摘されてきた発達障害児に対する特別な支援については、保護者の方の要望や活動により、さまざまな取り組みが行われるようになりました。教育の現場では発達障害についての理解が急速に進んできています。しかし、社会に一歩踏み出すと、民間企業では特例子会社の管理者でも発達障害の方に対するノウハウを持っていないくらいですから、ましてや一般企業では理解どころかまったく知識がない方ばかりというのが現状ではないかと思います。

特性はさまざま

　発達障害と一口にいっても、その中にはアスペルガー症候群、注意欠陥・多動性障害（ADHD）、学習障害（LD）、高機能自閉症などが含まれ、特性は個々に異なります。また、IQ が高い方もいれば低い方もいます。言語能力も、一方的に話しまくる方から緘黙する方までまちまちです。しかも、これらの特性を重複して持つ方もいるので、1 つのパターンとしては捉えられません。一人ひとりの特性が異なれば、当然、仕事における苦手さもさまざまです。たとえば言語能力に遅れのない方なら、1 つの仕事はできても、一つ一つの言動が職場の人間関係に影響し、発達障害の特性への周囲の理解が得られにくいという難しさがあります。そのため一元的な対応ができないことも、複数名をまとめて採用したいという企業のニーズに反し、雇用の促進を難しくしているのかもしれません。

就活準備
どこまでできたらよいか？

　ここまでの内容で、就活準備を始めるにあたっての予備知識と心がまえを、ある程度理解してもらえたかと思います。それでは、実際に就職活動を始めるために押さえるべきポイントを、より具体的に見ていきましょう。

　まず、自分がどのような仕事に就きたいのかを真剣に考えなくてはなりません。自分が何をやりたいのか、どのように働きたいのかを考える訳ですが、民間企業に就職する場合は一般的に次の項目で考えます。

✓ 業界を考えてみよう

　業界を絞るためには、まず業界について知らなければなりません。"業界"とは、同じような事業を行っている企業を象徴的な言葉でひとくくりにして捉えたものです。たとえば、金融業界、IT業界、流通業界、建設業界といった具合です。ただし、同じような事業と言っても扱っている商品でまったく異なります。たとえば、物を作ることに関わりたいと思った場合、メーカーということになりますが、メーカーにしても自動車、電機、金属、化学、製薬、消費財、アパレル、食品など、多種多様な企業があります。

　転職の場合は同じ業界の方が仕事のイメージがつかみやすいでしょう。しかし、別の業界に移りたいという方もいるかもしれません。初め

ての業界でも自分が興味を持っている業界であればチャレンジしてみましょう。初めての就職の方は興味を持った企業から情報収集をします。情報収集をしているうちに、自分はどういうことをやりたいのか、徐々に方向性が見えてくるでしょう。

✓ 職種を考えてみよう

「どんな仕事をしたいですか？」と尋ねると、新卒の皆さんの多くは「事務がやりたいです」と答えます。「事務」という以上のイメージが持てない方は、仕事の種類についてもう少し具体的なイメージを持つことが必要です。企業には実にさまざまな部門があります。どんな企業にも管理部門には総務、人事、経理などがあり、広報やマーケティング部門、営業部門、メーカーであれば購買や生産管理などの部門も持っているでしょう。

新卒の方あるいは職業経験の少ない方は自分の特徴をアピールして、「私は会計と簿記を勉強しましたので経理を希望します」と言うことができれば理想です。特別な経験や専門的な勉強をしていない方は、少なくとも「私は集中力があり、細かい図面を作成するのが向いています」、「私はパソコンが得意ですので、パソコンのスキルをいかせるような仕事がしたいです」など、自分の好きなことと得意なことを強みと結びつけられるようにしておきたいですね。

✓ 管理部門の求人が多い

一般的に、障害者採用の求人には管理部門の事務の求人が大部分を占めています。管理部門での事務とは、具体的に挙げると人事、総務、経

理などの部門での事務の業務です。初めて障害者雇用に取り組む場合には、採用した障害を持つ社員を、人事担当者の目の届く所に配属し、何か困った時にはすぐに相談に乗れるようにしたいという企業は多いのです。また、管理部門には経理や給与計算や社会保険手続きなど、経験を積むとスキルとしてみなされる大事な業務があります。

自分を知ろう

①新卒の場合

　業界、職種のイメージが固まったら、いよいよ企業への応募です。応募しようとしている企業の募集要項を確認します。会社案内などをよく読みましょう。なんとなく企業の求める人材像が浮かんできませんか？

　いま一度自分自身について考えてみてください。自分を客観的に見ることが必要です。あなたは応募しようとしている企業の求める条件に合っているでしょうか？　どんな能力が求められているでしょうか？　パソコン（Word、Excel）とEメールの使用経験はありますか？　確認したうえで、応募書類の準備にうつりましょう。

　パソコンができるに越したことはありません。パソコンを使った経験のない方はすぐに習いましょう。また、学校ではWordを使うことが多いと思いますが、実際の仕事ではExcelを使うことが圧倒的に多いのです。Excelをマスターすれば、就職に有利になります。

②転職の場合

　1社しか就業経験のない方によくあるケースですが、自分の持つ能力と市場価値を認識していない方がいます。前職では年収をこれだけもらっていたという理由だけでは、同じ年収をもらうことはできないかも

しれません。あなたが会社に対して「自分はどんな能力を持っていて、何ができて、それによってこのように貢献できる」という説明をし、会社があなたの能力を認めてはじめて、あなたの評価が決まり、あなたに採用のオファーを出します。「それではぜひ当社で働いてください。採用条件はこの通りです」と会社から年収を提示されるのです。

面接のポイントを知ろう

　障害者雇用の面接の場合、どのように自分の障害を説明できるかに、合格の比重がかかっています。面接で合格する方にはいくつかの共通点があります。①障害を受容していること、はもちろんですが、②障害の特性の分析ができている、③希望する配慮を具体的に説明できる、④過去の職場での不適応の経験もきちんと説明できる、このような方が面接で成功するケースが多いようです。過去の辛い体験を語ることで、過去の辛い気持ちを思い出してしまう方もいると思いますが、過去は過去として冷静に事実を伝えるという姿勢が必要です。

　また、面接で障害を説明する際のポイントですが、「これはできません。あれもできません」とできないことばかりを伝えると、採用担当者は、「この人に本当に仕事を任せられるのだろうか」と思ってしまいます。ぜひ、「こういうことは苦手ですが、これは得意としています」というように、苦手なことを伝えた後にできることや得意なことをアピールしてください。苦手なことはあっても、それを補う努力をしていること、そして新しいことにも前向きに取り組み、頑張りたいという意欲を伝えましょう。

学齢期からの就労準備

株式会社Kid's Power　江口博美

　発達障害がある子どもたちに何のために療育を行っているかと言えば、成人してからも社会で生きていくためのスキルを身につけさせることに尽きます。そして、成人してから過ごす社会を考えたときに、まず頭に浮かぶことが就労の問題だと思います。昨今の社会情勢もあり、子どもがまだ幼い保護者の方にとっても、頭をよぎる問題ではないかと思います。就労を含め、大人になってからも社会で生活できるようにするために、子どもたちが幼い頃から、むしろ幼い時期だからこそできることをお伝えしたいと思います。

　さて、就労するために必要なスキルとは何でしょう？　いろいろあると思いますが、学齢期から練習していくことで考えると、①身の回りのことができる、②要求が通らないことを受け入れられる、③他者と一緒に過ごすことを楽しめる、以上の３点が優先されることだと思います。Kid's Power が日々の療育で実際に行っていることを通して、それぞれの方法について説明したいと思います。

◎ 身の回りのことができる

　まずは、活動と休息（睡眠）、食事、排泄、着替え、手洗いや入浴など、このような身の回りの活動ができることです。これらの活動ができるということは、「それぞれの動作ができる」「それらをコントロールできる」ということです。

　「それぞれの動作ができる」とは、たとえば、食事の時に箸を使っ

て食べ物をつまんで口に運ぶというような、その活動に必要な一連の動作ができるということです。

　また、「コントロールできる」とは、たとえば、翌日は学校があり朝7時に起きなければならないので必要な睡眠を得るために夜9時に寝る、体に必要な栄養をとるために家族と同じ夕食を食べる、といったことです。もちろん、小学生の子どもが翌日の予定や食事の栄養バランスを考えることはできないので、保護者の方が判断し、その判断された内容で生活することが、子どもたちにとって「コントロールする」練習になります。コントロールができるための要件は、「コントロールに必要な知識を得ること」と、「コントロールするために自分の欲求を抑えること」です。知識を得るにはある程度の発達が必要になりますが、自分の欲求を抑えることは、幼児期からの経験の積み重ねによってできるようになります。つまりコントロールとは、認知学習が進むと同時に、欲求を抑える経験を実際に重ねることによってできるようになることであり、そのどちらか一方が欠けても、できるようにはならないものなのです。子どもが眠たがらないから寝させないのではなく、子どもがまだ寝たくないと言っても（たいていはまだ遊びたいことが多いと思いますが）、適当な時間になったら寝させることが必要なのです。

◎ 要求が通らないことを受け入れられる

　次に、要求が通らないことを受け入れられるようにするために、子どもの要求を断る機会を作って、それに折り合いをつけざるを得ない経験をさせます。

　たとえば、オレンジジュースが好きな子どものために毎日オレンジジュースを買っておくのではなく、家にりんごジュースしかない日を作り、オレンジジュースを諦めてりんごジュースに妥協せざるを得な

い日を作る、といったことです。この場合、最初は子どもが意図的に妥協しているのではなく、どれだけ泣いてももらえないことで妥協した形になります。また、幼稚園の帰りに必ず公園で遊んで帰らないと怒り出す子どものために、わざと公園に寄らずに帰る日を作るといったことも挙げられます。兄弟がいる場合なら、障害がある弟の好きなDVDばかりをかけるのではなく、時にはお兄ちゃんの好きなDVDをかけて、譲らせる機会を作る、という方法も一つです。

　どの場合も子どもはとても怒り、泣くと思うので、保護者の方には辛い場面になりますが、何度か繰り返すうちに子どもは必ず理解します。理解すると、怒ったり泣いたりせずに受け入れられるようになるのです。家では、その子が好きなものや活動を選ばせてあげればいいのではと思うかもしれませんが、家でできなくて学校でだけできることは少ないのです。また、家庭でも学校でも職場でも、集団で生活する場面においては、1人の子どもにすべてを合わせられるわけではありません。こういった練習は、子どもたちの体が大きくなってからでは、いやだと訴える時の力が強かったり、泣き声が大きかったりして物理的に難しくなり、練習しなかった期間が長ければ長いほど、変化しにくくなってきます。だから、できるだけ幼い時期から「まぁ、いいか」ができるように練習するわけです。

◎ 他者と一緒に過ごすことを楽しめる

　最後に「他者と一緒に過ごすことを楽しめる」、これが最も大事なことかもしれません。私たちが自分の要求を抑えてでも周りの人に合わせ、学校や職場のルールを守ろうとするのは、ひとえにそこにいる人たちとうまくやっていきたいからです。そして、うまくやっていきたいと思うのは、他者と一緒に過ごすことが楽しい（いやなこともあるけど、トータルすると楽しい）から、その関係を保ちたいからなの

です。この気持ちが育っているからこそ、先生に教わったり、周りの人が行っていることを真似たりしながらソーシャルスキルを学び、使いこなしていくわけです。

　発達障害がある人の多くは社会性が低いといわれます。これにはいくつかの要因が絡んでいますが、その中で最も重要なのは、他者といると楽しいから一緒にいたいと思える経験の充実度だと思います。これを教えるには、子どもにとって楽しく、かつ他者と一緒にする活動を、たくさん提供することです。子どもの日々の様子をよく観察し、子どもが楽しむツボを探り、そのツボを取り入れた活動を考え、その活動を他者と一緒に行うように促していきます。発達障害がある子どもたちが苦手とする、他者との遊びやコミュニケーションは、他者と関わるための道具であり、他者と関わることが楽しい、もっと関わりたいと思うからこそ学習して発達します。また、それらが発達するということはその活動の中で必要な社会性が発達するということでもあり、「遊び」「コミュニケーション」「社会性」は相互作用しながら発達していきます。そして、それらを行う原動力が、他者と一緒にいることが楽しいという気持ちなのです。

◎ 周りも自分も互いに合わせあう

　何らかの困難がある人が就労する場合、それを受け入れる職場が環境整備をすることはもちろんですが、職場だけに整備することを求めるのではなく、働く本人にも働くための準備が必要です。集団で生活する場においては、メンバーが互いに合わせあうからこそ、さまざまな価値観をもつメンバーが快適に過ごすことができます。1人のメンバーに他のメンバーがすべてを合わせようとしても、それでは他のメンバーが疲れてしまい、その関係は長く続けられないでしょう。それぞれができる範囲で少しずつ合わせあうことが大切です。また、周り

に合わせることを通して、自分が周りの人に助けてもらうことと同様に、自分も周りの人を助けることを学びます。このような関わりは、人として最も高い欲求である「誰かの役にたちたい」「誰かに必要とされたい」という気持ちを満たします。

　発達障害がある人たちにも、できることがあります。彼らのできることを見出し、理解できるように工夫をし、健常者と同じように生きていけるように教えていくことが教育であり、こういった営みが周りの人たちのできる最高の支援であり、本当の意味で共に生きるということではないでしょうか。

第2章

障害者採用就活のチャネル

障害者採用
就職活動のチャネル

　障害を持つ方が障害者求人を探す場合、以前は公共職業安定所（ハローワーク）が唯一の窓口でした。しかし、1992年には民間企業による"障害者のための就職情報誌"が創刊され、その後、民間企業による"障害者のための就職面接会"の開催、"障害者のための就職情報サイト"の立ち上げ、"障害者専門の人材紹介会社"の設立と次々にハローワーク以外の障害者雇用の求人に応募する方法（チャネル）が登場しました。本章では、ハローワークを利用する求人の探し方と、ハローワーク以外の媒体を利用する求人の探し方を紹介します。

ハローワーク　障害者求人

　地域の総合的雇用サービス機関として全国各地に配置されているハローワークでは、職種ごとにまとめられた求人票ファイルや、インターネット求人情報検索などにより求人情報を公開しています。さらに詳しい個々の求人内容や条件について知りたい場合、また相談を受けたい場合には、ハローワークの窓口に申し出ると担当者から求人事業主に問合せをしてもらえます。
　ハローワークで障害者求人を探すときには、障害のある方を専門に支援する専門援助窓口（障害者就労窓口）を利用します。まず、専門援助窓口がある最寄りのハローワークを探しましょう。そして求人票ファイルの閲覧、あるいはパソコンの求人情報検索システムで求人票を検索し

ます。検索は、キーとなる項目(年齢、希望する仕事の雇用形態、業種、職種等)を指定して行います。求人票の検索方法、求人票の見方はp.82で説明します。

次に、応募したい求人が決まったら窓口の担当者に申し出て、求人事業主に紹介してもらいます。求人に関して確認したいことがある場合は、窓口の担当者経由で事業所に問い合わせをします。応募の際には、原則としてハローワークが事業所に連絡をとり、応募可能な状況であれば面接日などを調整したうえで、ハローワークから紹介状を受け取るという流れになります。その後は応募先企業の採用ステップに従い、採用選考が進んでいきます。通常は書類選考、面接の順に進みますが、なかには適性検査や筆記試験などを行う企業もあります。採用ステップについても窓口で事前に確認しておくとよいでしょう。

ハローワーク　障害者就職面接会

年に数回、都道府県労働局およびハローワーク主催による障害者のための就職面接会が全国各地域で開催されています。たとえば東京で開催される面接会ともなると、最大300社も参加する大規模なイベントになります。

この面接会では、障害者枠での就職を希望する求職者と障害者雇用に積極的な企業が一堂に会しく、会場内に設置された各企業のブースにおいて個別面談を行うので、目当ての企業から話を聞くことができるチャンスです。企業担当者からは仕事の内容や労働条件などについて、求職者からは自分自身の障害や仕事をするうえで必要な配慮などについて、情報交換や質疑応答をしながら面談は進行します。

面接会で注意しなければならないポイントとして、まず会場内は非常

に混み合います。特定の企業に人気が集中すると、100人待ちという状況も発生します。そのような場合には、100人目の順番をじっと待つよりも、他の企業のブースを訪れ、できるだけ数多くの企業の話を聞いてみるほうが賢明ではないでしょうか。また、面接会に参加する前に事前準備として応募企業をある程度絞り込んでおく必要があります。履歴書作成や面接シミュレーション、企業研究ももちろん必要ですが、限られた時間内に効率よく企業のブースを回るために最も重要なのが、この「応募企業の絞り込み」なのです。就職成功のカギは、この応募企業の選定にかかっているといっても過言ではありません。詳細は、応募企業の絞り込みの例（p.92）で説明します。

　就職面接会は企業の採用担当者と直接話ができるよい機会です。この貴重な機会に会社の説明を聞くだけでなく、しっかりと自分をアピールしましょう。

✓ ハローワーク　ミニ面接会

　ハローワークを会場として、数社単位の規模で開催されるミニ面接会です。当日は各企業の採用担当者がハローワークの会場を訪れて面接を行います。ミニ面接会といえども、採用担当者と接する貴重な機会なので、積極的に活用しましょう。

✓ ハローワーク　障害者面接会（ブロック単位合同面接会）

　都道府県労働局および都道府県下のいくつかのハローワークが合同で主催する障害者就職面接会です。ハローワークの管轄ブロック単位で開催されるため、ミニ面接会よりもエリアがより広範囲となり、参加企業

数も多く、選択肢の幅は広がります。

ハローワーク　障害者面接会（企業グループ単位）

ハローワークまたは事業所を会場として企業グループ単位に開催される就職面接会です。大手企業になると数十社〜数百社ものグループ会社を抱えていることも珍しくありません。大手企業グループの面接会ともなると、本体およびグループ会社だけで約数十社が参加することもあります。

以上、4種類の障害者面接会への参加を希望する人は、ハローワークの専門援助窓口で事前申込みが必要です。また、面接会当日は、履歴書（職務経歴書）・紹介状を持参して指定された日時に直接会場へ行きます。当日は時間が限られているため、面接希望者が多い場合は、再度日時を改めて面接が実施される場合もあります。どの面接会にも言えることですが、参加する際には、事前に参加企業の求人票をみて比較検討し、どの企業に接触するか、優先順位を考えておくことが大切です。

障害者求人・就職情報サイト

障害者のための就職情報サイトを運営している企業は現在3社ほどあり、そのうちの1社は29年もの実績があります（2017年現在）。それぞれのサイトには、数百件から千数百件にもおよぶ全国の求人が掲載されています。それらの求人を、業種、職種のほか、年収や雇用形態、勤務地、雇用実績など、希望の条件で絞り込むことができます。希望の求人が決まったら、その求人に直接エントリーします。応募した企業から

返信があった場合には、それぞれの企業の選考フローに従うという流れになります。

　また、障害者のための就職情報サイトでは、それぞれのサイトに、同じ企業の同じ職種の求人が掲載されていることもよくあります。どの企業に応募して、結果がどうであったかを把握するために、応募状況はすべてリスト化して進捗管理をしておきましょう。

　選考結果は、企業によって書面で送られてくるところもあれば、書類選考不合格の場合には連絡をしない企業もあります。数週間たっても連絡が来ない場合は可能性がないと判断してよいでしょう。

　これらの障害者求人・就職情報サイトは、時間を問わずいつでも閲覧・応募エントリーができるという点でとても便利ですが、次のことを念頭に入れた上で利用しましょう。まず、サイト上で企業が障害者の求人募集を行っているからといって、誰もが採用されるというわけではありません。企業が求める人材像は、さまざまです。新卒のみをターゲットにしている企業もあれば、経験を重視する企業もあります。求人に応募して書類選考で不合格になったからといって、ただちに悲観することはありません。ただし、障害者求人・就職情報サイトを利用する企業は大手企業ばかりです。インターネットだけを利用して、大企業かつ正社員の求人だけにエントリーするという就職活動の手法は得策ではありません。

　前述したとおり、就職先を見つける方法は、障害者就職情報サイトへの応募エントリーだけでなく、ハローワークによる紹介や就職面接会への参加など、いくつものチャネルがあります。より確実に就職先を見つけるためには、その方法を一つに限らず、大企業というブランドにもこだわらず、視野を広げて就職活動を行うことが大切です。どういう企業を探したらよいかは p.19 で説明したとおりです。

✓ 民間の障害者就職面接会

　ハローワーク主催の就職面接会と同様に、求職者と企業の出会いの場として民間版の障害者就職面接会があり、インターネットで検索することができます。面接会の参加企業数は、数十社の規模で、毎月のように東京、大阪、名古屋、福岡などの主要都市で開催されています。参加には事前予約が必要です。ハローワーク主催の面接会と同様に、希望する企業のブースに並び、直接企業の人事担当者から話を聞くことができるほか、就職アドバイザーによる相談コーナーなども利用することもできます。

　民間の障害者就職面接会がハローワークの面接会と異なる点は、その参加費の有無にあります。民間企業主催の場合、求職者は無料ですが、参加企業は有料になります。たとえコストをかけたとしても、より良い障害者人材を採用したいという企業の集まりになるため、必然的に大手企業の参加が多く占めることになります。この面接会でも、やはり大手有名企業に人気が集中します。一つの企業のブースに長時間並んで待つよりは、いろいろな企業のブースを回って話を聞いてみましょう。

✓ 障害者専門の人材紹介会社

　2002年頃から障害者専門の人材紹介会社が登場し、障害者手帳を取得している方に特化した人材紹介のサービスが始まりました。障害者の就職・転職を専門のキャリアアドバイザーが全面的にバックアップします。東京をはじめとする関東地域以外に関西や名古屋など、全国の主要都市で障害者求人の紹介が可能になってきています。それぞれの会社によりサポートの方法は異なります。第3章で詳しく説明します。

発達障害がある人の就労

北海道教育大学釧路校 准教授　二宮信一

　LD（学習障害）、ADHD（注意欠陥・多動性障害）、高機能自閉症などの発達障害のある人たちの青年期は、社会的自立や就労の問題など、課題が山積みとなります。彼らにとって、これまで学校で求められてきた能力とこれから社会で求められる能力の差異は大きく、易々と埋められるものではないからです。また青年期には、本人の特性の問題ではない心因性の課題が加わります。失敗体験の積み重ねなどによる低い自己評価や自信のなさ、意欲の低下などがそれにあたります。就職後も、発達障害のある人たちは、自分のやりたい仕事と与えられた仕事のギャップに悩み、なかなか折り合いがつけられないことが多いのです。そして、発達障害のある人たちの就労の問題は、このような課題を抱えつつも、就労を支える社会資源の有無や地域産業の状況、経済の動向など、構造的な問題と絡み合わせて考えなければならない問題でもあるのです。

◎ 就労前に習得しておくこと

　そこでまず、就労に向けて本人たちの準備をどのように整えるかを考えてみましょう。つまり、就職活動前にしっかりと考えておかなければならないこと、習得しておかなければならないことです。
　基本的な準備として求められるのは、「挨拶ができること」、「ルールやマナーを知っていて、周囲との協調した行動が取れること」、「健康管理ができること」、「基礎的な体力があること」、「ストレス耐性があり、発散の方法を知っていること」、「働くことの意味を理解してい

ること」などでしょう。これらはあらゆる職業に共通する基本点な事項で、青年期になってから身につけるものではなく、幼児期からの成長の過程で成熟してくるものであり、日頃から成長に合わせて取り組んでいくことが重要となります。特に昨今では、子どもたちの生活の中に「働く」ことが少なくなってきていることもあり、意識的に取り組まなければこのような事柄は身についていかないのです。

　就労の支援をしていて大変残念に感じるのは、「時間を守る」「報告をする」などの基本的なことができずに継続した雇用につながっていかないことです。また、インターンシップ（就業体験）などで表面化する問題は、基礎的な体力のなさです。身体をしっかり作っておくことは1日の勤務に向かうための基本であり、あわせて健康的なストレス発散の方法としても運動は最適です。小さいときから運動を生活の中に取り入れて習慣化していくことは、現代社会では重要な事柄となっていますが、発達障害のある人にとってはなおさら必要な事柄と言えます。

◎ インターンシップを本当に活用するために

　就職活動で見えてくるのが、「働く」ことのイメージの希薄さと自己理解の問題です。アルバイトの経験があれば、そこから就職活動の準備につなげていくことも可能ですが、残念ながら発達障害のある人たちはそのアルバイトもうまく見つけることができず、「働く」経験を全くしたことがないまま就職活動に入っていく場合が多いのです。

　そこで、高校・大学などでキャリア教育の一環として行うインターンシップが重要な経験となってきます。そのような活動の中で学生に培いたいのが、働く体験を通して「自分の適性を具体的に把握する」ことであり、その指導の中で重要になってくるのが「職種を知る」ことなのです。

実はインターンシップの中で気になっているのが、学生自身が職種を選択していて、学校側が適正な指導をしていない場合があることなのです。意思決定の機会の少ない学生が自らインターンシップ先を選択していくことは重要であり、否定するものではありません。しかし、彼ら自身がもっている職種の情報は限られており、その限られた情報の中で選んだ職種が、本人の適性とマッチしているかどうかは別問題なのです。

　ある高校で、こんなケースに遭遇したことがあります。周囲に気を遣ったり、対人関係を築いたりすることが大変苦手な女子生徒が、インターンシップ先に老人ホームを選びました。失敗がありながらも周囲のフォローがあってどうにか仕事はできたのですが、そこのご老人たちに大変感謝されたことから、自分には対人援助職が向いていると思い、進学先に福祉関係を考えるようになったというケースです。

　特にインターンシップでは、職場の人間関係のような複雑な問題はあまり浮かび上がらず、チームで仕事をするところまで経験することはまれです。インターンシップでの経験は、業務の一部を経験するということでしかないのです。そのまま彼女が福祉関係の大学に進んだ場合、高校としては進学指導をしたということになるかもしれませんが、はたして進路指導をしたといえるのでしょうか。インターンシップを有効な経験の場としていくためには、学校側が十分に本人と話し合い、本人の適性を踏まえたうえでインターンシップ先を決めていく必要があります。そうすることによって本人が「新しい自分を発見していくこと」「新たな自分の可能性を見出していくこと」にもつながっていくと思います。このような事柄もインターンシップの重要な目的の一つなのです。そのことが、将来の職業選択の幅を広げていくことに発展していくと思います。

　そしてインターンシップでは、就労への具体的なイメージを高める

ことや自己の適性を知ることを通して、「現実検討能力を高めていく」ことにつなげていかなければなりません。インターンシップの経験を、本人たちの経験的知識へと積み上げていくフォローアップのプログラムが重要なのです。個別の教育支援計画の中に、就労を視野に入れた移行計画をしっかり組み込む必要があるのです。

今後、インターンシップは、単に学生が就業体験を積むということにとどまらず、受け入れ先の企業・団体にとっては障害のある人を受け入れていく際の貴重な経験ともなっていくでしょう。障害のある人を企業・団体が受け入れていくには、それなりのノウハウの蓄積がますます必要になっていくので、学校の教員がその間に立って調整していく機能をもつことは、障害のある人が就職していく場を広げていくためにも重要な鍵を握っていくと考えます。

◎ 自分や周囲と上手く付き合う方法を知る

自立とは、自らの力を最大限に発揮しつつ、必要な場合は周囲に支援を要請できることです。すべてを自分一人でこなすのは不可能ですから、周囲に上手に依存することができるようになること、また、その周囲の支援を気持ちよく受け入れることができるようになることが重要です。その前提は、自己理解と周囲への信頼となります。

また、自立とは、読み書きに困難がある、計算が不得意である、せっかちで待っていられない、人とのコミュニケーションが苦手であるといった特性を受け止めつつ、自分の得意なことを発見していくことでもあります。むしろそのような苦手なことも青年期ともなれば、読み書き計算にワープロや計算機を活用することが可能になるなど、問題を少なくしていくことが可能です。自分の苦手さを知って、それを積極的に補う術を習得していけば、カバーできる可能性は十分にあるのです。また、せっかちなことも「行動力がある」と解釈することもで

きますし、人とのコミュニケーションが苦手でも、集中して繰り返す作業が得意であれば、就労の可能性は十分に出てきます。

　このように、自己理解を深め、自分の特性とうまく付き合っていく方法を獲得していくことが重要であり、自分の苦手さを自らの工夫で補ったり、周囲を信頼し支援を要請し、それを受け入れていくことを通して、「課題を解決していく方法」を獲得していくことが重要なのです。

　最後に、指導者も保護者も本人も理解する必要があるのは、「就職に向けての準備は、将来に向けて今を犠牲にすることではない」ということだと思います。今という時間を自分自身の力で切り開いていく先にしか、就労の可能性は広がらないからです。

第3章

障害者専門の人材紹介会社

障害者専門の人材紹介会社

　近年、多くの企業が障害者雇用に積極的に取り組むようになるにつれて、戦力になる方を至急に採用したいというニーズが生まれ、民間の障害者専門の人材紹介会社が登場しました。障害者専門の人材紹介会社は、さまざまな障害を持つ方が、企業の「障害者雇用」という枠組みの中で障害について配慮を得ながら、必要以上の負荷を感じることなく働くことができるようサポートする役割を担っています。求職者が就職・転職を希望する理由は、スキルアップのため、キャリアチェンジのため、正社員を目指して、はたまた事務所移転のためなどさまざまかと思いますが、人材紹介会社では一人ひとりの希望を聞いて、最適な求人を紹介するサービスを提供しています。

一般の人材紹介会社との違い

　それでは、障害者専門の人材紹介会社は、一般の人材紹介会社と比べてどこが違うのでしょうか？　キャリアアドバイザーが、就職・転職を希望する登録者にさまざまなアドバイスを行い、求職者にとって最適な求人を紹介し、就職に結びつけるという役割はいずれも同じです。
　障害者専門の人材紹介会社の最大の特徴は、企業の障害者雇用の支援を目的とし、障害者手帳を取得している人に特化したサービスを提供することにあります。したがって、障害について豊富な知識を持っているキャリアアドバイザーがより多く在籍しており、就職・転職を希望する障害者の方にとっては心強い存在といえます。

✓ ハローワークとの違い

　障害者専門の人材紹介会社は、ハローワークと同様に、障害者雇用の求人についての職業紹介とアドバイスを行っています。ハローワークと異なる点は、ハローワークを利用する方は失業中の方が大半であるのに対して、人材紹介会社に登録する方の半数以上は就業中であるという点です。次で説明するメリットの①や⑥などは、就業中の方にはとくに便利なサービスといえるでしょう。

✓ 人材紹介会社を利用するメリット

①希望の方法で求人の案内が受けられる

　人材紹介会社は登録時に求職者の方が望む求人の条件をヒアリングし、希望の求人が見つかり次第、電話（自宅・携帯）、FAX、メール（パソコン・携帯）など希望に応じた方法で求職者に連絡をします。一度登録をすると、出向かなくても希望に合う求人が出てきたら自動的に連絡が入るので、とくに就業中の方にとっては便利なサービスと言えるでしょう。たとえば、求職者は帰宅したら自宅のパソコン等でメールをチェックし、案内された求人への返事を返信すればいいのです。就業中の方のために、仕事が終わってから来社できるよう夜間の時間帯の来社面談や電話相談にも対応しています。

②転職・就職に関するアドバイスが受けられる

　履歴書、職務経歴書の書き方に関して助言が得られるほか、面接の苦手な方は面接の練習などのサポートも受けられます。特別な準備の必要がなくスムーズに求人を紹介してもらえる人もいるかもしれませんが、

応募先企業の絞り込み、転職動機や退職理由の伝え方など、専門家からアドバイスを受けることにより新たな気づきが出てくるはずです。

③求人票以上の詳細情報を得られる

　人材紹介会社では、企業の人事担当者と求人について綿密な打合せを行っています。そのため人材紹介会社は求人票上には出てこない、詳しい情報を持っています。たとえば、その会社の社風や社員の平均年齢や職場の年齢構成、求められる人材像などの企業プロフィールから、バリアフリーの環境、駐車場の有無、エントランスの段差、各フロアのトイレの数に至るまで実に詳細な情報を把握しています。発達障害の方にとっては、ハード面の情報もさることながら、ソフト面での情報収集が可能となるメリットは大きいと言えるでしょう。

④人材紹介会社による推薦文が得られる

　人材紹介会社は応募先企業へ登録者の方を紹介する場合、履歴書や職務経歴書のほかに、推薦文や推薦コメントをつけて書類を提出します。経験豊富なコンサルタントが第三者の立場から客観的に求職者を評価して作成・提出するこの推薦文は、企業の人事担当者が書類選考をする際にひときわ注目するポイントです。書類選考の通過率を高めたい人は、人材紹介会社を利用するのも一つの方法です。

⑤障害に関する配慮をうまく伝えてもらえる

　自分では直接伝えにくいこと、障害に関する配慮などについて、事前に人材紹介会社側から企業の人事担当者にうまく説明してくれます。第三者が説明するほうが人事担当者にとって理解しやすい場合もあります（障害の説明の仕方は、p.114で紹介しています）。

⑥企業との事務的な調整もお任せ

　面接のステップに進むことが決定したら、人材紹介会社は企業と求職者の面接の日程調整を行います。求職者がどうしても都合のつかない日を避けて、面接はセッティングされます。また、就業中で有給休暇が取れない方のために、終業後の時間帯に面接を設定してもらえるよう人材紹介会社が交渉します。さらに、面接の当日に運悪く交通トラブルなどがないとは限りません。電車遅延や交通渋滞などで面接の時間にどうしても間に合わないという突発の事態が発生したときにも、人材紹介会社の担当者は企業の担当者と連絡を取り、面接の時間の変更をお願いするなど、できる限りのサポートをします。

⑦就業後のサポートも受けられる

　人材紹介会社では、登録者が就業を開始した後も"困った時"、"誰に相談してよいか分からない時"に相談できるサポート体制をとっています。担当のキャリアアドバイザーが定期的に近況を尋ねるようにしている会社もあります。困ったときには、自分一人で不安を抱えるのではなく、担当のキャリアアドバイザーに相談してみましょう。話をしてみると、何か解決の糸口が見つかるかもしれません。

⑧求職者は無料で活用できる

　最後に、①～⑦のサービスが、求職者の方は無料で活用できるといっのがなんといっても最大のメリットです。民間企業にもかかわらず、なぜ無料で利用できるのかと疑問に思われる方のために、次のページで障害者雇用を検討している企業側が人材紹介会社を利用する理由およびそのメリットを補足的に説明します。

企業が人材紹介会社を利用する理由

　人材紹介会社は求人企業の採用活動を次の通りさまざまなかたちで支援することにより、採用が成立した際にはその企業からコンサルティングフィー（紹介手数料）を受け取る仕組みで、求職者側の経済的負担は一切なく、サービスを提供しています。

①募集のコストと労力の削減

　人事担当者が新卒採用、中途採用の両方を担当している場合、時期によっては、応募者すべてに対応できない場合もあります。また、人気の高い職種や応募者が殺到すると予測される求人の場合も、人事担当者の負担を減らすために人材紹介会社に求人を依頼することがあります。人材紹介会社に求人を依頼すると、企業の希望条件に合う登録者を紹介します。つまり、一次選考が済んだ状態で人事担当者が選考をスタートできるので、労力が大幅に削減できるというわけです。

②ニーズに適した人材の採用

　企業が新聞広告などを利用して幅広く社員募集を行うと、企業が採用したいと思っている人材層と異なる応募者が多数エントリーしてしまうことがあります。募集する人材に特定の経験やスキルを求める場合は、一次選考の部分を任せる目的で人材紹介会社に依頼します。このような人材をこのような条件と待遇で採用したいという希望を伝えれば、ある程度ニーズに適した人材のみを選考することができます。

③迅速に、密かに採用したい

　至急に採用が必要な場合、たとえば行政指導により一定の期日までに障害者雇用が求められた場合などには、自社ホームページやハローワークなどの通常の募集手順では採用が間に合いません。また、社内の一部で人員調整を行っているにも関わらず、コンプライアンスのために障害者雇用を行わなければならない場合も発生します。このような場合は、企業は社員に知られないように障害者雇用を進める必要があり、公募を控えて人材紹介会社に求人を依頼することがあります。

④障害者雇用に関するアドバイス（職務設計など）

　初めて障害者採用をする企業では、処遇や仕事内容などがまったく固まっていない場合もあります。そのような場合に、人材紹介会社が採用事例や助成金などの情報を提供したり、また「どのような仕事を用意してよいか分からない」、「1人分の仕事が用意できない」という場合には、職務設計の提案をすることもあります。図1のように、各部署から定型業務を洗い出し、それらをまとめて1人分の仕事を用意して、障害者雇用に備える準備も行われます。

図1　総務部、営業部、経理部から定型業務を切り出した場合

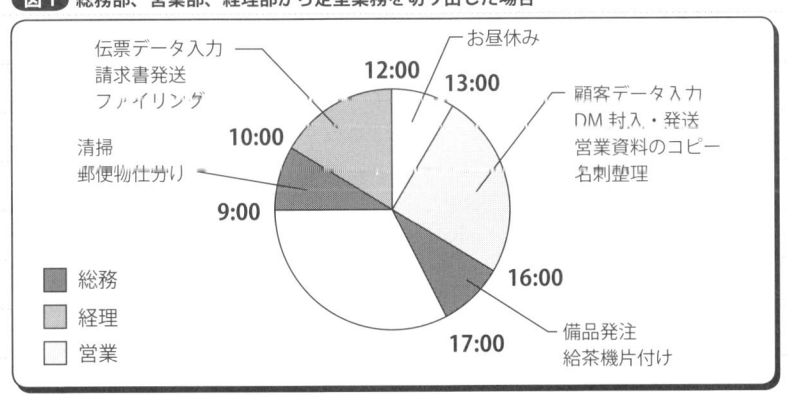

伝票データ入力
請求書発送
ファイリング

お昼休み

顧客データ入力
DM封入・発送
営業資料のコピー
名刺整理

清掃
郵便物仕分け

備品発注
給茶機片付け

12:00　13:00　10:00　9:00　16:00　17:00

■ 総務
■ 経理
□ 営業

第3章 障害者専門の人材紹介会社

ジョブマッチング

人材紹介会社のマッチング

　障害者専門人材紹介会社に限らず、一般の人材サービス会社のほとんどはマッチングのためにシステムを導入しています。登録した求職者の情報をすべてデータベースに入力し、企業から依頼された求人の条件（たとえば職種、年齢等）で検索すると、その条件に合う候補者が挙がってくる仕組みです。同様に企業の求人もすべてデータベースに登録されています。登録者の希望する仕事の条件（職種、給与、雇用形態、勤務地等）により、おすすめの求人を抽出し登録者に案内します。障害者専門の人材紹介会社ではこれらの条件に加え、バリアフリー環境や通院等、障害に関する配慮など個別の情報が追加されています。システムのマッチング機能を利用すると、条件さえ入力すればその条件に合う候補者がずらりと出てきますが、それでは十分なマッチングとは言えません。

　"マッチング"とは異なる複数のものを組み合せる作業です。企業の採用担当者からは、求人の内容とそのポジションに見合う希望の人材の条件を詳しく聞いてあります。最適なマッチングを行うためには、できるだけたくさんの情報を持っている必要があり、企業風土（社風）なども少なからず考慮しなければなりません。キャリアアドバイザーは求職者の方との面談の際に、希望の仕事の条件を聞くほか、転職・就職に向けての意気込みや新しい環境における柔軟性、そして先方企業との相性がいいかどうかという視点で話をしています。双方の複数の条件のどの

部分を組み合せるかということになるのですが、なかなかすべての条件が合うことはありません。そこで、何か一つだけキーとなる条件を、ピンポイントで合わせてうまくいくことがあります。たくさんの情報がベースとはなりますが、どんなにシステム化されても、最終的なマッチングには豊富な経験に加え、アナログ的な勘とセンスが必要です。意外な組合せがピッタリということも多々ありますので、私たちキャリアアドバイザーも柔軟な発想を持って、企業へは人材の提案を、求職者の皆さんには求人を提案しています。

マッチングの精度

著者の所属する人材紹介会社の特長は、企業の障害者雇用に関する豊富なデータの保有に加えて、キャリアアドバイザーが企業の求人開拓と求職者への対応の両方を担当していることです。企業に対応する担当と、求職者に対応する担当を分ける会社もありますが、その場合は担当間の連絡がしっかりしていないと、精度の高いマッチングは叶いません。キャリアアドバイザーは求職者の経験やスキル、企業の社風、職場環境から、人事担当者との相性なども考慮に入れて、最適と思われる会社を厳選して案内します。そのためには、直接双方に接してみて、肌で感じる印象も大切であると考えています。システムでマッチングできる条件もありますが、障害を持つ方々とのジョブマッチングは仕事内容とのマッチングだけでない、他のソフト面の要素も取り入れた属人的なマッチングと言えるでしょう。

1人の方が入社できるのは1社だけですから、最初からその方にぴったりな求人に出会えることが理想です。そのために私たちプロフェッショナルが双方の希望を聞き、ベストマッチングをしています。

人材紹介会社を選ぶポイント

　現在、障害者雇用の求人を取り扱う人材紹介会社は多数あります。そのなかで、どうやって自分に合った人材紹介会社を見つけたらよいか、そのポイントをいくつか挙げます。

✓ マッチングの精度を見極める

　大手の人材紹介会社では、求職者に対応するキャリアアドバイザーと求人企業に対応するコンサルタントに分業化が図られています。なお、いずれも職種の呼称は会社によって異なります。

①キャリアアドバイザー…求職者に対応
　登録希望の求職者と面談をして、就業に際して希望する条件をヒアリングします。求職者の経験や能力、特性などを把握し、必要に応じて、履歴書の書き方から面接の受け方、就業の可能性や今後のスキルアップの必要性などのアドバイスも行います。求職者の希望条件にマッチする企業の求人を探して、求人への応募を打診します。その求職者が応募を決めてから、企業へ書類を提出し、書類選考や面接をクリアし、内定をもらい、企業と候補者双方が承諾するという過程を経て、初めて就職が確定し、マッチングが完了します。

②コンサルタント（営業）…求人企業に対応
　求人企業に対応し、求人の受注、紹介、求人開拓を行う役割を担いま

す。受注の際には、企業のニーズを正確に把握し、マッチングに必要な情報（担当業務内容、要求スキル、待遇条件、就業開始時期など）を詳しくヒアリングします。マッチング担当者が別にいる場合には、ヒアリングした内容をマッチング担当者に的確に伝えます。さらに企業への人材紹介の窓口なので、登録者の面接の際に同行することもあります。

　分業化によってそのメリットが発揮される場面もありますが、逆にそのために、ときとして担当者同士のコミュニケーション不足により、ミスマッチが起こるケースも少なくありません。その点、一人がコンサルタントとキャリアアドバイザーを兼務し、企業と登録者の双方に対応する体制をとっている会社は、企業の求める人材像と求職者の希望をよく理解しているので、双方の希望に合う最適なマッチングがしやすく、マッチングの精度が高いという強みがあります。

図2　求職者・求人企業・人材紹介会社の関係

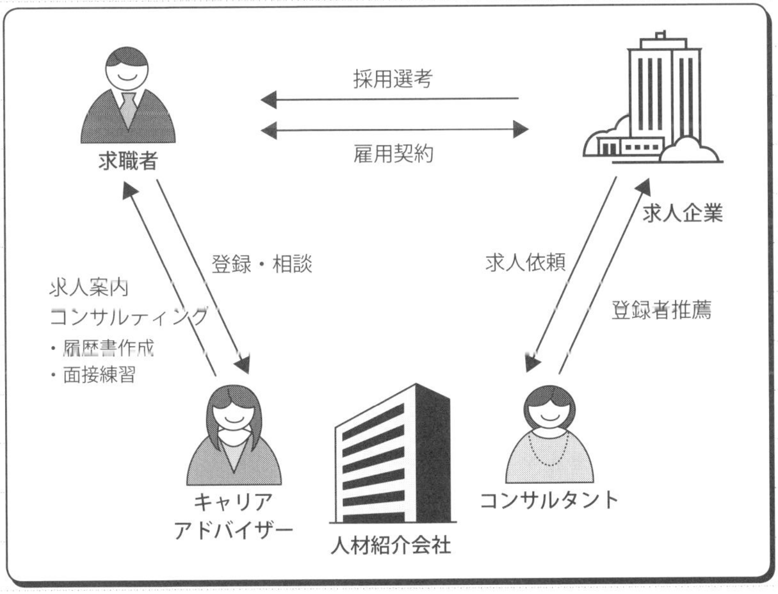

第3章　障害者専門の人材紹介会社

✓ きめ細かい対応が期待できるか

　発達障害を持つ方は特性もさまざまです。それに対して、人材紹介会社のサポート体制はどうなっているでしょうか？　たとえば、必要に応じて個々にカウンセリングや相談を行ったり、職歴の少ない方については自己紹介書でアピールする方法をアドバイスしたり、面接の苦手な方には希望により面接練習を繰り返し行う会社もあります。また、職歴の多い方については退職理由をどのように説明し、理解してもらうかを一緒に考え、練習することもあるでしょう。登録を希望する場合はその人材紹介会社がどの程度までのサポートをしてくれるのか、事前に確認しておくとよいでしょう。

✓ 信頼できるキャリアアドバイザーがいるか

　担当のキャリアアドバイザーが発達障害に対して理解があり、信頼のおける人であるかどうかという視点も、人材紹介会社を選ぶ一つの判断材料です。発達障害の特性といえる真面目さ、集中力といった優れた部分、社会性における苦手な部分とそれに対してどのような配慮が必要かをきちんと理解し、応募先企業に適切に案内し、採用の検討を促してくれそうかなど、やりとりの中で見極めましょう。

　それでは、障害者専門の人材紹介会社にはどのようなキャリアアドバイザーがいるのでしょうか？　一例として、テスコ・プレミアムサーチ株式会社の例を参考までに紹介します。

　キャリアアドバイザーは全員女性です。性別を限定している訳ではありませんが、女性のきめ細やかさや多様性を受け入れられる性質は求職

者の方の相談やサポートに適していると思います。それぞれの職歴をみると、民間企業で3年以上の就業経験があり、その後人材サービス業界に転じ、人材サービス業界の経験も3年以上の者ばかりです。キャリアカウンセラーの資格を持つ者も多く、継続的に学習を続けています。また、これは偶然ですが、家族に医療関係者や障害を持つ方の支援に関わっている人がいるということも共通しています。

　キャリアアドバイザーの採用にあたって重視している点は、年齢が32歳以上であることと、一般企業での就労経験があることです。その理由は、新卒で入社したばかりでは自分のことだけで精いっぱいの状態で、求職者の相談に乗るだけの余裕はないと判断するからです。求職者の相談をしっかり受けられるようになるには10年位の就労経験が必要だと考えています。もう一つの"民間企業での就業経験"という条件ですが、少なくとも職業相談を受けるためには、企業の組織を知り、どんな部門があって、どんな業務が行われているということが分かっている必要があるという理由からです。また、メーカーや金融、ITなど特定の業界を経験し、その業界に精通していることも、そのキャリアアドバイザーの強みになります。

　以上は、あくまで一例です。登録者のなかには、複数の人に相談していろいろな意見を聞くうちに、どうしていいか分からなくなってしまう方もいます。人材紹介会社を含め、どの就労支援機関を利用し、誰に相談してもよいと思いますが、親身になってくれるキャリアアドバイザーに出会い、就職活動をうまく進めることが就職の成功のカギを握っています。

人材紹介会社を利用する際の心構え

　私たちキャリアアドバイザーは求職者の方へ、さまざまな情報やアドバイスを提供します。しかしながら、就職を成功させるためには、求職者の皆さんにも自分なりに障害者雇用の現状や障害求人の動向を充分に研究してもらわなくてはなりません。ここでは、敢えて厳しいことも含めて、人材紹介会社を利用する際の心構えをお伝えします。

仕事の紹介の難しい方も

　人材紹介会社に登録しても、必ずしもすべての方に仕事が紹介されるわけではありません。基本的に転職をお勧めしていませんし、希望の条件があまりに難しい方や、自分のやりたいこととできることのギャップが大きい方、自ら決定することができない方、仕事案内の連絡をしてもなかなか意思表示をしない方などについては、具体的な求人の紹介は難しくなります。
　たとえば、その仕事の十分な経験がないのにどうしてもこの仕事がしたいとこだわりのある方であれば、自分の希望が企業に受け入れられるものなのかどうか、客観的に考えてみてください。企業は「私はこういう経験、能力があるので、御社に貢献することができます」という方を採用するでしょう。「経験はないけれどやってみたい」というのは、新卒以外では採用される見込みはほとんどありません。
　また、自ら意思決定ができない方の場合も、面接に進んだとしても意

欲を十分に伝えられなければ合格は難しいでしょう。就職活動は他人任せでやっていけるものではありません。まず自分が就職したいと強く願い、いろいろなチャネルを並行して利用し、自ら活動するのが就職成功への早道です。人材紹介会社は、希望の求人を紹介できない場合でも求職者の方に今後の就職活動に役立つ情報を提供しています。人材紹介会社から得られるいろいろな情報を、有効に活用しましょう。

転職は35才までが限界か？

　一般的に"転職35才限界説"が言われ、企業によっては採用の際に「年齢は35才くらいまで」「転職回数は2回まで」というイメージを強く持っている場合があります。

　35才という年齢の根拠は、各企業の年功序列型賃金モデルにその年齢を当てはめると35才を過ぎたらマネージャークラス以上またはそれに準じる人材しか採用できないから、という理由が主にあります。また、従業員の年齢構成を考えると、35才以上の方が入社すると年下の上司の下で働くことになり、管理上やりにくいという考え方もあるようです。

　前述のとおり、企業が人材紹介会社を利用する際には採用時に紹介手数料が発生し、年収が高ければ高いほどその手数料も高額になるため、若い方を採用したいという企業が多いのも致し方ありません。

　この"転職35才限界説"は一般就労で特に言われていることですが、障害者雇用枠における就職活動においても、経験、年齢、転職回数が大きく影響するのはいうまでもありません。しかしながら、年齢が高いから、転職回数が多いからといって、就職は無理だと決めつけることはありません。必ず道はありますので、冷静に状況を読み、戦略的な就職活動をしましょう。

人材紹介会社を うまく利用する

　人材紹介会社に登録しても全員に希望の条件の仕事を紹介できるわけではないことを前項で説明しました。人材紹介会社は希望の求人を紹介できない場合でも、求職者の皆さんへ今後の就職に役立つ情報を提供します。特に発達障害を持つ皆さんの特性に合った適職探し（第4章参照）では大きくお役に立てると思います。

　例がよくないかもしれませんが、"下手な鉄砲も数打ちゃ当たる"作戦にするか、狙い済ました一発を当てるか、という作戦の選択になります。どちらでも当たればよいという方もいるでしょうが、私は大きな違いがあると思っています。

　お会いした求職者の中には、多数の企業に応募したけれどもほんの数社しか面接に進めなかったという方もいました。求職者との面談では、これまでの職歴、希望の仕事の条件以外に、応募をした企業についても聞きます。そこから、求職者の求めるポジションがその企業にあるか、求職者の経験とスキルが応募企業の求める採用条件に一致していたかどうかを判断させてもらいます。50〜100社も受けている方は、残念ながら経験やスキルが企業の求める条件に一致していない場合がほとんどです。雇用環境の厳しい時代にはありとあらゆる企業へ履歴書を送るという古典的な手法がない訳ではありませんが、非効率的です。それに、誰しも書類選考や面接で落ち続けると気分が落ち込んでしまいます。人生において就職は大事なシーンですので、しっかり戦略的に取り組むことをお勧めします。

人材紹介会社に登録する

　障害者専門の人材紹介会社のサービスを利用するためには、まずは登録が必要です。求職者の方は登録に一切費用はかかりません。

　登録方法は、事前に人材紹介会社に連絡を入れ、予約した日時に履歴書、職務経歴書、障害者手帳コピー等を持参して来社し、登録手続きを行います（遠方で来社できない人は、会社によって個別対応あり）。登録手続きの際には、これまでの職歴やスキル、希望する仕事内容、希望就業条件などを確認する面談も行われます。

　一般的には登録後、①求人の案内→②求人への応募の確認→③企業への推薦→④書類選考→⑤面接および筆記試験→⑥内定→⑦入社という流れで紹介が進みます（ただし、すべての登録者にすぐに求人が案内されるとは限りません。また、人材紹介会社が持っている求人は大都市の求人が中心となります。地域によっては残念ながらお役に立てない場合もあります）。

図3 登録後の流れ

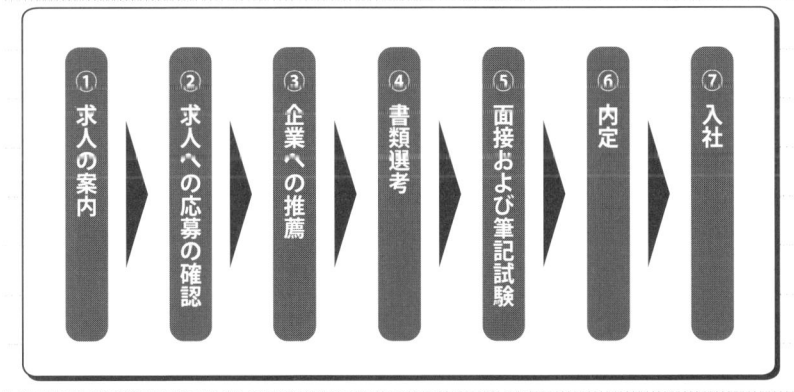

①求人の案内 → ②求人への応募の確認 → ③企業への推薦 → ④書類選考 → ⑤面接および筆記試験 → ⑥内定 → ⑦入社

当事者が考える就労に本当に必要なこと

Voice Manage代表／言語聴覚士　村上由美

◎ 私のこれまで

　私は3歳の頃、母の知り合いの心理士に自閉症の可能性を指摘されました。その頃私は全く言葉を話していませんでした。同時にコミュニケーションが取りにくい、多動であるといった問題もあって母は育児に苦労していたそうです。

　当時、病院や施設などを回っても、指摘してくれた心理士以外は「お母さんの育て方の問題」と言われて終わりになったようでした。その後、指摘した方に別の心理士を紹介してもらい、自宅で療育を受けました。療育自体は1年ほどで終わりましたが、その後は母がいろいろ工夫していました。

　4歳で言葉を話すようになり、学校は普通学級で過ごしました。小中学校ではいじめにも遭いましたが、高校は先生や友人にも恵まれ、楽しい学校生活を送れました。大学では心理学を学び、卒業後、言語聴覚士の養成校に進学しました。言語聴覚士とは、聞こえや言葉、コミュニケーションや嚥下（食べ物の飲み込み）について医学的な支援を行うリハビリテーションの専門職です。養成校を出てからは病院や施設などで支援職として働いてきました。

　私生活では養成校時代に、アスペルガー障害といわれた男性と知り合い、卒業とほぼ同時に暮らし始めました。今年で同居してから12年、婚姻届を出してから9年になります。

◎ 思春期までに学びたいこと

　今回の執筆に関して、「就労にはどんな体験があった方がよいか」というリクエストを受けました。講演などでも同じようなことを聞かれますが、挙げればきりがないのです。ただはっきり言えるのは、思春期までに、できたら学校以外の小グループでいろいろな年代の人と関わる経験していること、そこで地道な努力を積み重ねて何かを成し遂げた経験をしていることはとても大切だと、自分の経験からも感じています。

　「世の中にはいろいろな人がいて、さまざまな考えをもっている」、「何か行事などをするには他人と協力し合わないといけない」ことを肌で感じられるかはとても大きいのです。社会に出ればいろいろな年代の人と関わらなければなりません。当然、意見が異なることもたくさんあります。それでも折り合いをつけながら同じ目標に向けて行動していくことが、仕事をすることにつながると私は考えています。

◎ 私の場合

　私は、小学校から高校の途中まで近くの教会に通っていました。教会には障害のある方やシングルマザーといった社会的弱者もいれば、いわゆる富裕層の方もいました。年齢層も赤ん坊からお年寄りまでと広く、行事の際には子どもたちにも仕事があります。大きな子どもが小さな子どもの面倒を見る、会場の準備や後片付けの手伝いをするのは当たり前のことでした。

　頑張っていれば周りの人がほめてくれますが、できなければ当然大人たちから注意されます。第三者から客観的に注意されるほうが、親から言われるより案外受け入れやすいものです。そして残念ながら、こういったグループの中にも相手のいいところを伸ばそうとする人は

かりではなく、相手を利用手段として見る人もいます。人間関係の難しさを体験した上で、ベストは無理でもベターな選択をすることは、就労や成人後の生活にはとても大きな力になるでしょう。

　仕事の場合、利益を上げるといった同じ目標に向けて、いろいろな考えをもつ人が協力し合わないといけません。その報酬として給料をもらっているというルールを知っておいた方が就労を続けるためにもいいと思います。小グループでの経験はいいシミュレーションにもなるのです。

　実は夫も思春期までにこのような経験をしています。大人になってからはいい思い出になっていますし、自分以外の人のことも考えて行動することの大切さも学んだようです。思春期までの体験は、本当にその後の人生に影響が出るものだと改めて感じることがあります。

◎ 才能だけでは生きていけない

　とかく発達障害が取り上げられるとき「能力の凸凹があって、実はものすごい才能がある」ことを強調されますが、残念ながらどんなに才能があってもそれだけで生きてはいけません。もちろん才能はあるに越したことはありません。ただ、当事者には飛び抜けた才能がある人ばかりではないこともまた現実です。支援者側もあまり才能を引き出すことばかりを考えず、得意なことをどう生かすか、苦手なことをどうやって引き上げて行くかをまず考えて欲しいと思います。知能検査などで高いスコアが出ても、それはあくまでもある条件下での処理能力が高いことを示しているのであって、輝かしい未来を約束しているわけではありません。どんなに勉強ができて才能があっても、それを維持するだけの地道な努力、それを支える生活スキルと社会との関わりが必要なのです。

　こう指摘すると「厳しい」と思う人がいるかもしれないので少し具

体的に考えてみましょう。まず才能があってそれで稼げたとします。才能で稼ぐにはその才能に対してお金を払い、投資したいという人がいなければ成り立ちません。つまり、その人たちがいてこそ自分は稼げているという仕組みを理解することが大切になります。

お金を払う相手には、挨拶やお礼をする必要が出てきます。さらに、お金が絡む場合には契約などを理解することも大切です。だまされて署名したことで自分が損することがないよう配慮することも、生活を送る上では重要なことです。そして、自営業ならお金を稼いだらその記録をつけ、収支の申告をしなければなりません。同時に、暮らしていくには生活に必要なだけの稼ぎと計画的に暮らしを立てて行く能力が求められます。できないこと、苦手なことについては誰かに頼むにせよ、自分が本来する仕事をお願いしているという気持ちを忘れて「やってもらって当然」という態度では人が離れて行ってしまいます。

つまり才能や好きなことがあっても、物事をやり遂げるにはそれだけでは済まないのです。「好きなことを仕事にする」というとバラ色のイメージがありますが、その言葉を真に受けるのは危険だと私は思います。下手すれば、ちょっとでもいやなことがあると「これは自分が目指していたものじゃない」と投げ出してしまうかもしれません。反対に、「好きなことだから」と儲けを度外視して損失が出ても続けるのでは、仕事として成り立ちません。仕事は生活費を稼ぐことも大切な要素なので、やりがいとのバランスが大事だということもぜひ理解してほしいものです。こう考えると、「才能だけでは生きていけない」と述べた意味がよく分かると思います。

◎ 就労に本当に必要なスキル

就労に本当に必要とされているスキルは、「挨拶ができること」「時間・物・お金の管理ができること」と私は以前から感じていますが、

これがなぜ必要かをやはり経験を通して理解していないとなかなか身につかないのではないでしょうか。

　支援者の人たちに「挨拶が大事」と言うと意外な顔をされますが、実は挨拶というのは相手の存在を認める最低限の関わりなのです。つまり挨拶をしないというのは相手の存在を否定していることを暗示しています。人は自分の存在を認めていない態度をする人の話を聞こうとは思いません。当事者の方は「挨拶しなくても自分は存在を認めているからいい」という論理になりがちですが、行動しなければ人は何を考えているかは分かりません。そのためにもまず家族間や職場で挨拶する習慣を心掛けてほしいと思います。

　「時間・物・お金の管理」について指摘するのは、これができていれば仕事をする上での最低限の信頼が得られるからです。3つが無理ならせめて2つできていることが必要だと思います。特にお金に関しては犯罪や生活困窮につながりやすい問題だけに、できれば幼い頃から買い物やお小遣い管理といった決まった金額でやりくりする練習をしてほしいものです。

　発達障害があると医療費をはじめとして、生活に意外とお金がかかるものです。偏食や感覚過敏のために高いものを買わざるを得ないこともあります。そのためにも働いてお金を稼ぐことの大切さを、家族や支援者ももっと念頭に置いてほしいと思います。

第4章

仕事と会社の選び方

自分の特性を考える

　発達障害を持つ方と話をすると、最初の職業選択でミスマッチを経験した方が多いように感じます。これは自分の特性を自覚していないことと、その職業に何が求められるかが想像できないためと思われます。
　一方、客観的に職業適性を知る一つの方法として職業適性検査がありますが、これはその職業領域への興味や志向性の強みをみるもので、あくまでも参考です。もし、たとえば研究者や教師が向いているという結果が出たとしても、それをそのまま自分に向いている職業だと100％信じることは危険です。また、なりたい職業がある場合、その職業が自分に向いているか、よく考える必要があります。

　"好きだから"、"なりたいから"だけでは、簡単にその職業に就くことはできません。"好きだから"、"なりたいから"プラス専門的に勉強を続け、さらに本人の努力と適性とさまざまな条件が重なって、そのなりたい職業が叶うのではないかと思います。好きなことを職業にすることができたら、自分の夢を叶えることができたら素晴らしいと思います。その一方で、世の中には多芸多才の方も多く、人の持つ才能は一つだけではないはずです。一つのことがうまくいかなくても、他の才能が認められれば、それはそれで安心して世の中を渡っていくことができます。一つにとらわれない、柔軟な姿勢を持つことは大切なことです。
　職業としてエンジニアを目指すなど、はっきりした目標のある方は、すでに専門分野の勉強・研究をしていると思いますので、目指したい会社と職種が明確になっていると思います。明確な目標があれば、その目

標に向けて情報収集と準備をしっかり行ってください。ただし、大学で専門課程に進んでから、その分野で研究を続けるには手先の細かい作業が必要で、その専攻は適していないことが分かったという人もいます。自分の将来の選択に際しては、自分の適性をよく知り、その専攻や職業にはどういうことが必要か、できるかぎり情報を収集することをお勧めします。自分で判断するだけではなく、幅広く先輩や周囲の方などの意見を聞くことも有用です。

✓ より現実的な仕事のイメージを

　実際に就労支援をしている立場から見ると、就業経験のない発達障害を持つ方は、子どもの時の夢といえるような非現実的な職業に憧れている人が多いように見受けられます。また、就労経験者は最初の職業選択で営業や接客などの自分の特性に合わない職業を選び、仕事が継続できなかった方が多いように感じます。皆さんには、まず自分の特性をよく知り、より現実的で自分の適性にあった職種を見つけてほしいと願っています。たとえばIT系の仕事や設計、商品管理などの仕事は、発達障害を持つ方の特性に合っていると言われています。事務でも軽作業でも自分に向いている仕事に就き、仕事の報酬として月々の給与を得られるようになってほしいと思います。

　これから就職活動を始める方は、自分にはどんな仕事が向いているかを知るためにも、学生のうちにアルバイトや実習などでいろいろな仕事を経験しておきましょう。たとえば、向かないと言われる販売のアルバイトでも製品の機能を説明することを得意とする方もいますし、販売でも単品を売る場合は比較的対応しやすいと言われています。経験してみると、自分の意外な適性に気づくかもしれません。

発達障害の人に適した職業

発達障害を持つ方に適した職業とはいったい何でしょう？
家畜施設の設計分野では第一人者で、自らの自閉症を公表して講演活動を行っているテンプル・グランディンとケイト・ダフィーの両氏は、その著書のなかで次のような仕事が適していると紹介しています。

表1 音楽・数学型の脳に合いそうな仕事
- コンピュータ・プログラマー
- 数学教師
- エンジニア
- 化学者
- 物理学者
- エレクトロニクス技術者
- 音楽家・作曲家
- 音楽教師
- 統計家
- 科学研究者

表2 言語に比較的強い脳を持つ非視覚型思考者に合いそうな仕事
- ジャーナリスト
- 会計士
- 翻訳者
- 予算アナリスト
- 司書
- 簿記・記録担当者
- 証券アナリスト
- 特別支援教育の教師
- コピー・エディター（記者が書いた文章をチェックしたり手直ししたりする人）
- 図書の索引作成者
- 言語聴覚士
- 在庫管理のスペシャリスト

表3 視覚型思考者に合いそうな仕事
- 建築・工学製図技術者
- 自動車整備士
- 写真家
- 機械の保守管理技術者
- 動物の訓練士
- コンピューターのトラブル処理担当者
- グラフィック・アーティスト
- 演劇の照明監督
- 貴金属・宝石細工やその他の工芸
- 産業オートメーションのプログラマー
- ウェブデザイナー
- ランドスケープ・デザイナー（屋外空間をデザインする人）
- ベテリナリー・テクニシャン（動物医療技術師）
- 生物学教師

出典：テンプル・グランディン，ケイト・ダフィー著／梅永雄二監修／柳沢圭子訳『アスペルガー症候群・高機能自閉症の人のハローワーク』明石書店，2008年，p.107-108.

表4 アスペルガー症候群の人に合わない仕事	
● レジ係	異なる複数の要求を同時に処理する必要があるため
● 忙しいレストランのコック ● ウェイター／ウェイトレス ● カジノディーラー ● タクシーの配車係	同時に複数の作業をこなす必要があるため
● 旅行代理店	フライト変更など予測不能な問題に対応する必要があるため
● 先物取引のディーラー	将来を予測して行動することが求められるため
● 予約係	予約が立て込んだ場合、柔軟な対応が求められるため
● 電話オペレーター	問合せが立て込んだ場合、柔軟な対応が求められるため

出典：グランディン氏のサイトより翻訳
　　　http://www.autism.com/individuals/jobs.htm

　同書によると、米国の場合、発達障害を持つ人が専攻する科目として会計学、工学、図書館学、芸術（商業美術や製図）がおすすめとしています。確かにその分野は発達障害の方の適性に向いています。しかし、それらが日本の発達障害を持つ方の就職に必ずしも結びつくとは言えません。なぜなら日本の場合、たとえば司書の資格を持っているからといって、すぐに図書館での仕事が見つかるわけではないからです。コンサートホールや美術館、図書館までもが民間企業により運営されている時代です。図書館が直接人を募集する時代ではなくなりました。就職を考えた場合、取得した資格や専攻を活かせる求人があるかどうか、その専攻を活かした仕事に就けるかどうかという現実にぶつかるはずです。大学の専攻は専攻として、就職においてはもう少し幅を広げて仕事探し、適職探しをする必要があります。

現実的かつ適した職業とは

　発達障害を持つ方は関心のある分野に集中できること、こつこつと努力を積み重ねられるところが強みです。日本の企業では臨機応変に何でも対応できるジェネラリストが求められますが、発達障害を持つ方はジェネラリストというよりも専門職での活躍が向いています。
　それでは、具体的に、発達障害を持つ方に適したより現実的な職種をみていきましょう。

　企業の障害者雇用の枠で就職活動を始める場合、どのような業種でどのような職種の求人が出ているのか、数多くの求人について情報を集

図1 発達障害の方に適している仕事、適していない仕事

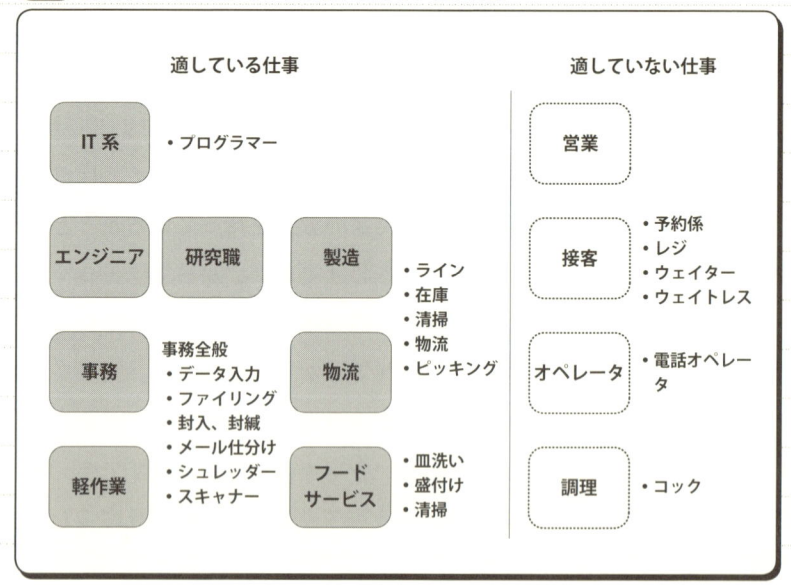

適している仕事		適していない仕事	
IT系	・プログラマー	営業	
エンジニア / 研究職 / 製造	・ライン ・在庫 ・清掃 ・物流 ・ピッキング	接客	・予約係 ・レジ ・ウェイター ・ウェイトレス
事務	事務全般 ・データ入力 ・ファイリング ・封入、封緘 ・メール仕分け ・シュレッダー ・スキャナー	オペレータ	・電話オペレータ
物流			
軽作業 / フードサービス	・皿洗い ・盛付け ・清掃	調理	・コック

め、全体像をつかんだうえで、その中から自分の適性に合う仕事かどうかを確認していきます。

まず、企業で障害を持つ方が働く職場としては、オフィスの他に工場の現場や、物流センター、あるいは店舗バックヤードなどがあります。図1中央の製造や物流、フードサービスの分野の障害者求人は、特別支援学校からの実習を経て採用されるケースがほとんどです。このような仕事を希望する場合、企業との太いパイプを持っている職業教育を目的とする特別支援学校への進路を選択するのが早道です。特別支援学校以外の学校の卒業生は、地域障害者職業センターや就労移行支援事業所などさまざまな就労のための支援機関を利用するのがよいでしょう。就労支援機関を介して、企業実習の機会を得て、就職へとつなげましょう（就労支援機関の一覧は p.173 参照）。

次に職種について、民間企業における職種はさまざまながらも、現在テスコ・プレミアムサーチが企業から依頼されている求人はデスクワークが中心です。ほとんどの業務にパソコン操作が求められるので、パソコンができないと職業選択の幅が極端に狭まります。IT系の求人ではシステムエンジニアやプログラマーなどがありますが、事務職の求人では人事・総務・経理・マーケティング・営業の事務等のほか、メーカーの生産管理、ビルの設備管理業務やオフィス内での軽作業というような求人も含まれています（図1左）。

それでは次に、テスコ・プレミアムサーチで主に紹介している各職種（IT系、事務職、軽作業）の主な仕事内容と発達障害を持つ方にとっての向き、不向きを検討していきます。

職種を読み解く～IT系

✓ システムエンジニア（SE）

　SEと一口に言っても業務内容は多岐に渡ります。システム設計・開発、基盤構築、プロジェクト管理からシステム運用まで、システムの設計・開発・運用だけでなく、顧客への提案、プロジェクトに関わるメンバーの管理や場合によってはクレーム対応もこなさなければなりません。プロジェクト管理を任されるようなSEの場合は、提案・交渉・調整力が求められることから発達障害を持つ方々には少し荷が重い業務が含まれていることがあるのではないかと思います。

✓ プログラマー

　プログラマーはコンピュータのプログラムやソフトウェアを作成する技術者で、プログラム言語を使ってプログラムを開発します。プログラマーを希望する人はプログラム開発方法論・技法、プログラム開発支援ツール、コンピュータの仕組み、操作方法などを学びます。プログラマーになるための素質は細心の注意力を持つこと、ミスの少ないことなので、集中力のある自閉症の方々には適した職業と言われています。

✓ カスタマーエンジニア

　カスタマーエンジニアは、クライアントである会社やユーザーである

個人のお客様宅を訪問して、機器の設定やさまざまな要望に応える仕事です。発達障害を持つ方にはIT系の知識を持っている方が多くいますが、どんなにお客様との対応を想定・準備をして訪問したとしても、想定外のことを言われたり、要望されたりすると、混乱してしまう方が多いと思います。ユーザー先を訪問する仕事は避けたほうがよいでしょう。

ユーザーサポート

ユーザー（お客様）からの問い合わせ対応の仕事です。お客様が怒っていることに気づきにくい方などは、不用意に発言をしてさらに激高させてしまうかもしれません。お客様からクレームを受けることが予想される仕事は避けておくほうが無難でしょう。

IT系の会社を選ぶときの心構え

プログラマーとして入社後、ユーザー先に出向して業務を行うという就業形態がとられる場合があります。出向期間はプロジェクト次第で、長期の場合もあれば、短期でいくつもの事業所をまわる場合もあります。新しい環境になじむために時間を要し、いろいろな場所に派遣されるとストレスを感じる方もいるでしょう。発達障害を持つ方が安心して就業するためには、自社オフィスにおける業務が最適だと思われます。

また、プログラムの開発業務は納期があり、納期間近には残業が増えることがよくあります。連日の残業に対応できる体力が自分にあるか、という確認も必要です。また、仕事のペース配分や進捗管理が苦手な方も見受けられます。納期厳守のためには自分なりに工程表を作成し、チームリーダーに進捗を確認してもらうなどの工夫をしましょう。

職種を読み解く〜事務職

✓ 管理部門

　人事、総務、経理など、部門によって事務業務の内容もさまざまです。発達障害を持つ方は、仕事のやり方が決まっているルーティーン業務で、自分のペースで処理できる業務が向いています。

①人事部門
　人事部門には採用、人事（人事考課）、給与計算、各種手続き（健康保険、年金保険、雇用保険等）などがあります（企業によっては総務が兼務する場合もあります）。人事業務のなかでも毎月業務が定型化されており、おおよそ個人で完結できる給与計算や社会保険の手続きなどの業務は適しているでしょう。

②総務部門
　総務には、電話および来客の応対、郵便物や宅配便の仕分け・発送、社員証の作成・管理、消耗品や日常品の買出しなど雑多な業務があります。社内外からさまざまな依頼や問合せを受ける部門なので、ストレスを感じる方もいるようですが、備品・郵便物の管理、官公庁への届出・申請など、他の業務と兼務せずに任せてもらえれば活躍できそうです。

③経理部門
　経理は総勘定元帳や現金出納帳など、会社の財務に関する計算帳簿を

作成したり、取引先への支払手続きを行います。真面目さ、正確さを求める特性は経理補助などで活躍できそうです。ただし、決算になるとさまざまなパターンで考えることに対応しなくてはなりません。

✓ 在庫管理

メーカーでは多数の機器や商品を扱っており、在庫管理や商品管理などの仕事があります。テンプル・グランディン氏が言うように、発達障害を持つ方の特性である真面目さや正確性を好むという点から、これらの仕事は適した仕事の一つと言うことができるでしょう（p.68 表2）。

✓ 営業事務

メーカーなどでは受発注業務があります。しかし、企業によっては受発注業務が特定の時間帯に集中する場合もあるので、スピードを求められることが苦手な方には適していません。また、発注業務であればまだよくても受注業務の場合は、お客様の無理難題にも柔軟に対応しなくてはならず、発達障害を持つ方には少しハードルが高い仕事です。

✓ 軽作業

就業未経験の方向けの求人としては、パソコン操作のできる方であればデータ入力、パソコン操作のできない方であればメール室業務や、コピー室業務、スキャニング業務、印刷・封入・封緘業務などがあります。会社における求人は必ずしもパソコンを使う仕事ばかりとは限りません。未経験の方はいろいろな仕事にチャレンジしてみましょう。

適していない仕事

　発達障害を持つ方には、残念ながら向いているとは言えない仕事がいくつかあります（p.70 図1）。具体的には、営業や接客業務、ホテルの予約係、忙しいお店のレジ、レストランや食堂のウェイター、ウェイトレス、多様なメニューに対応する調理人、その他コールセンター、小中学校の教師など、いずれもスピードや多様性に対する臨機応変が求められる仕事です。以下、それぞれの職種について仕事内容を見ていきます。

①ホテルのフロント
　ホテルのフロントも臨機応変な対応が要求されるため、残念ながら発達障害の方に向いているとは言えません。お客様の無理難題にも応えなければならないこと、たいした理由もなくクレームを申し出るお客様も多いということだけでもストレスが多い業務です。また、お金を預かる業務も含まれるため、現金、クレジットカードの売上げの集計を正確にスピーディに行うことが要求されます。

②ウェイター、ウェイトレス
　発達障害を持つ方のなかには人と接したいという気持ちを持つ方も多く、ウェイトレスになったところ、メニューのオーダーを正確に記憶することがどうしてもできず、怒られてばかりでやむなくその仕事をあきらめたという方もいました。ウェイトレスに必要な条件が、「最低4人分のお客様のそれぞれ違うメニューを間違いなく覚えられること」などと記載されていたら、その方はきっと応募しなかったに違いありません。

③調理人

　調理人を志望してうまくいかなかった方は、"目分量"という言葉が分からなかったと言います。多種類のメニューに応じる、忙しいお店ではスピードと段取りのよさも要求されます。また、お客様と会話をしながら料理を提供する高級料理店の板前もあまり向いているとはいえません。特に「料理は師匠または先輩を見て技を盗むものだ」というような職人の世界は遠慮しておきましょう。

④コールセンター

　さまざまな会社のお客様からの問い合わせや通信販売の商品の申し込みの受付などはコールセンターという部門で運営されています。コールセンターにはアウトバウンド（発信）とインバウンド（着信）があり、アウトバウンドは未経験者でもマニュアルに沿って行える業務ですが、インバウンド（着信）はお客様の問い合わせや申し出に対応する業務です。受話器の向こうのお客様のお話をじっくり聞き、質問や要望に答え、なおかつ満足していただかなくてはなりません。場合によってはクレーム対応も必要になります。

⑤小中学校の教師

　困っている生徒を助けたい、じっくり話を聞いてあげたいという強い気持ちを持つ方も多くいます。しかし一方で、教育実習で多くの生徒の話を同時に聞くことの困難さや臨機応変の難しさを感じ、自分に不向きであると感じる方も多いようです。また、保護者への対応もストレス度が高いかもしれません。教師という目標が叶わなくても、"教える"という職業は教師だけではなく、塾講師や教材を作る側の仕事などもあるはずです。ぜひ、柔軟に考えていただきたいと思います。

企業の求める人材像

　企業の人事担当者との障害者採用に関する打合せで、どんな人材を希望するかを聞くと、求める人材像はほぼ共通しています。「明るく、コミュニケーション能力のある人」、「前向きな人」、そして実務的なことでは「パソコンのできる人」というのが一般的です。さらに付け加えると「周りと協調して仕事ができる人」、「問題解決能力のある人」と徐々にハードルが高くなってきます。業界により、企業により、求められる条件は多少異なりますので、皆さんは応募の前にしっかり業界、企業、求人内容を研究しましょう。ここでは、一般企業や外資系企業、ベンチャー企業などが人材の採用についてどのように考えているか、事例をいくつか紹介します。

一般的な企業

　多くの企業で、「何よりも人柄を重視します。素直で協調性があり、周囲とうまくやっていける方を希望します」という言葉が聞かれます。
　一般的な伝統のある企業では、新卒・第二新卒などの若い方を採用して、一から育てていくことを望んでいます。新卒・第二新卒の方々の場合は即戦力になるほどの経験は求められていないので、明るく、パソコンに抵抗がないことが基本的な条件です。しかし、パソコンのスキルがないからといって、採用されないわけではありません。経験よりはむしろ新しいことに取り組んでいく意欲があることが重要で、企業は求職者のポテンシャル（潜在能力）を評価して、採用する場合もあります。

外資系 IT 企業

　外資系 IT 企業では、「わが社はダイバーシティ・インクルージョンを実践している会社です。障害の有無は関係ありません。何ができるかということだけが採用の基準です」という言葉がよく聞かれます。

　企業の中でダイバーシティという言葉を使うとき、それは人種、性別、年齢、障害の有無、価値観、宗教、生き方、考え方などのあらゆる多様性を尊重し、各自の個性を活かし、能力を発揮できるような組織を意味します。実力のある人材が最大限の力を発揮するこのような環境の企業では、基本的に新卒採用は行われず、経験・能力があるかどうかが採用基準となるキャリア採用のみが行われています。あなたの持っている能力をできるかぎり伸ばしてからチャレンジしましょう。外資系企業の場合、英語ができるに越したことはありませんが、部署によっては英語を多用しない部署もあります。求められているレベルは高いですが、活躍できるチャンスも大きいはずです。

ベンチャー IT 企業

　「わが社はこれまでの職歴、経験等は問いません。それよりもその方の持つ潜在能力を重視します。最も求めるものは問題をブレイクスルーできる力（問題解決能力）です」と答えるのはベンチャー企業です。

　ベンチャー企業は即戦力の人材を求める傾向があります。企業の成長性はもとより、勤務年数に関わらず仕事を任せられるという醍醐味があるので、実力のある方は魅力を感じると思います。しかし、自ら考え、行動しなくてはいけないという環境は、未経験の方には難しいと想像されます。社風をよく調べて応募を検討しましょう。

人材紹介コンサルタントが考える就労の条件

✓ 働きたいという意欲を持つ

　キャリアアドバイザーは、皆さんが自分のペースで考え、「働きたい」「社会に出て仕事をするのだ」と思うようになるのを、長い目で見守りながら待っています。発達障害を持つ方は、高校卒業時には就労に対する意識がまだ弱く、大学、専門学校、職業訓練校などへの進学を選択する方が多いようです。進路を選択する際にも、自分の将来について、卒業して社会に出た時の「働く」というイメージを少しでも持つことが必要です。卒業を目前にして、あるいはアルバイト経験などを経て、皆さんが「さあ、仕事を探そう」という真剣な気持ちになったときが、私たちキャリアアドバイザーの出番となり、実践的なアドバイスが皆さんの就職活動の役に立つのです。

✓ 就労のための訓練を受ける

　私の個人的な意見ですが、発達障害を持つ方は、高校卒業の時点では社会性においても、心理面でも未成熟な方が多いので、2～3年は就労のためのなんらかの訓練を受けることが必要であると考えます。そのような時のために、発達障害を持つ方が利用できる就労プログラムがあります（p.181 参照）。その他、社会性を育むことを目的とした教育を行う民間の学校もあり、検討する価値はあると思います。

就労支援機関に所属する

　職歴にブランクを作らないようにするためには、どこかに所属して職業訓練を受けながら就職活動を続けることが大切です。所属先の例としては、地域障害者職業センターや障害者就業・生活支援センター、就労移行支援事業所、就労継続支援事業所が挙げられます。各事業所が持つ職業訓練プログラムの特徴はさまざまで、ITスキルを重視する事業所もあれば、自立的な日常生活を重視する事業所もあります。就職実績に関する情報などを収集し、自分の希望に合う就労支援が受けられる事業所を選び、就労のための準備を始めましょう。

一人ではないと感じること

　このような事業所に所属することにより、障害者雇用の貴重な求人情報を得られることもさることながら、同じ環境にいる仲間から良い刺激も受けられるメリットもあります。たとえば、数社面接に落ちて、そのまま就職活動をやめてしまう方もいますが、そのようなとき、仲間が頑張っているのを見たら、自分も頑張ろうと思えるはずです。仲間と一緒に活動することにより、「一人ではない」と感じることはとても大切です。

　最後に、保護者の方へのアドバイスとして、就職活動をしてみたが就職先が見つからない、今後の就職活動の進め方が分からないという場合は、お子さんと今後の就職活動を相談し、必ずどこかに所属させ、就職活動を続けさせてください。就労のための訓練も学校を卒業してすぐ始めると最も効果があります。いろいろ経験した上で、自分に合う仕事で頑張ろうと思えるような環境を用意してください。

ハローワークを利用した求人の探し方

求人票を検索するには

　ハローワーク障害者コーナーの端末で求人票を検索します。初期画面より、あなたの年齢、希望する仕事の雇用形態、業種、職種等を選択します。求人一覧が表示されたら、個々の求人票を選択して閲覧します。
　求人は、【NEW】と表示されているものが最新の求人なので必ずチェックしましょう。3日前、1週間前、2週間前、「こだわらない」が選択できます。なお、プリントアウトできるのは1人10枚までです。

求人票の見方 (p.84 図2参照)

❶受付年月日、紹介期限日

　受付年月日は、企業がハローワークに求人申し込みをした日です。また紹介期限日は、求人企業が特に指定しない場合、受付年月日の翌々月の末日です。なお、応募者が多い求人などは受付年月日から2～3日で応募が締め切られてしまう場合もありますので、常に新しい求人をチェックし、早めに応募しましょう。一方、掲載間もなく締め切られてしまう求人とは対照的に、常に求人を募集している企業があります。いつ検索しても求人募集をしている会社は「人の出入りが激しい」、「採用の基準が高い」、「形式上求人を募集しているが実際は採用するつもりがない」などのケースも考えられます。応募を検討する際には、ハローワー

クの専門援助窓口に尋ねると何か情報が得られるかもしれません。

❷就業場所

この求人に応募して採用された場合の実際に就労する場所となります。本社の所在地と就業場所が異なる場合もあります。

❸職種

「一般事務等」、「事務補助」、「専任職」などさまざまな表記があります。「用度品管理」といったように、より具体的な職種が記載されていることもあります。この職種欄に「トライアル雇用併用」や「トライアル併用求人」などの記載があるかどうかを確認しましょう。

障害者トライアル雇用とは、働き続けることができるか不安がある人のために、3ヵ月間を限度として試行雇用として事業所に雇われ、その名のとおり試しに働いてみることができる制度です。就職に対する不安を軽減し、事業主と障害のある方の相互の理解を深め、その後の常用雇用を目指します。トライアル雇用が適用されていると、勤務時間や仕事のペースなどに比較的柔軟に対応してもらえます。

❹仕事の内容

「一般事務・営業事務職（総務・庶務・人事・経理業務など）」と複数の業務が記載されている場合は、採用面接時に応募者の業務への適性を見極めたうえで配属先を決定する、オープンポジションでの採用を考えている可能性があります。一方、具体的な仕事の内容は、「パソコンによる書類作成」「データ入力」「郵便物の発送・整理」のように記載されます。

図2 求人票（例）　※この求人はあくまで一例で、求人をしているものではありません。

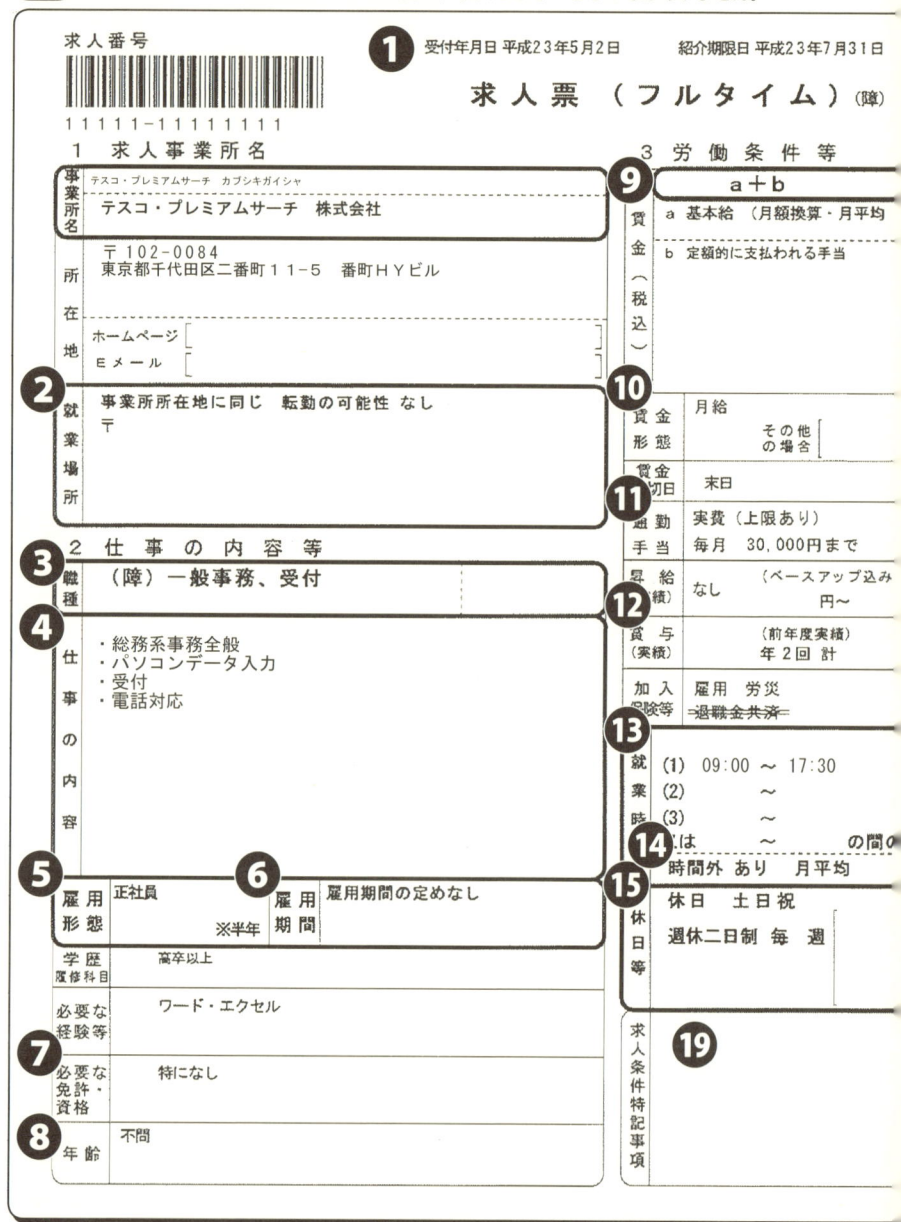

求人番号
11111-11111111

❶ 受付年月日 平成23年5月2日　紹介期限日 平成23年7月31日

求　人　票　（フルタイム）（障）

1　求人事業所名

事業所名：テスコ・プレミアムサーチ　カブシキガイシャ
テスコ・プレミアムサーチ　株式会社

所在地：〒102-0084
東京都千代田区二番町11-5　番町HYビル

ホームページ [　　]
Eメール [　　]

❷ 就業場所：事業所所在地に同じ　転勤の可能性 なし
〒

2　仕事の内容等

❸ 職種：（障）一般事務、受付

❹ 仕事の内容：
・総務系事務全般
・パソコンデータ入力
・受付
・電話対応

❺ 雇用形態：正社員　※半年
❻ 雇用期間：雇用期間の定めなし

学歴履修科目：高卒以上

必要な経験等：ワード・エクセル

❼ 必要な免許・資格：特になし

❽ 年齢：不問

3　労働条件等

❾ 賃金（税込）：a＋b
　a 基本給（月額換算・月平均
　b 定額的に支払われる手当

❿ 賃金形態：月給　その他の場合 [　]

⓫ 賃金締切日：末日

通勤手当：実費（上限あり）
毎月 30,000円まで

⓬ 昇給（績）：なし　（ベースアップ込み 円〜）

賞与（実績）：（前年度実績）年2回計

加入保険等：雇用　労災
退職金共済

⓭ 就業時間：
（1）09:00 〜 17:30
（2）　　　〜
（3）　　　〜
又は　　〜　の間の

⓮ 時間外 あり　月平均

⓯ 休日等：土日祝
週休二日制 毎週

⓳ 求人条件特記事項

事業所番号		就業地住所	東京都千代田区	職業分類	255-10
‖‖‖‖ 1111-111111-1				産業分類	690 管理，補助的経済活動を行

180,000円 ～ 250,000円
労働日数　22.0日)
80,000円 ～ 250,000円
　c　その他の手当等付記事項

4　会社の情報

従業員数	企業全体	30人	創業	平成20年
	就業場所	20人	資本金	2,500万円
	（うち女性	6人）	労働組合	なし
	（うちパート	人）		

事業内容	障がい者雇用等に関するコンサルティング。
会社の特長	障がいを持つ方の就職支援により、雇用の促進の一端を担っています。

定年制あり　一律 60歳　　勤務延長　なし
　　　　　　　　　　　　再雇用　あり

入居可能住宅　~~単身用　あり~~
　　　　　　　~~世帯用　あり~~

利用可能
託児施設　なし

育児休業　あり　　介護休業　なし　　看護休暇
取得実績　　　　　取得実績　　　　　取得実績

年間休日数　120日　　就業規則

円 ～ 　　円

賃金支払日　毎月 25日
マイカー通勤　不可

の前年度実績 月あたり)
　円／月　又は　　%～　　%

4.00月分 又は　　万円～　　万円
健康　厚生　~~財形~~
退職金制度　なし

就業時間に関する特記事項

時間
10時間　休憩時間 60分
その他の場合

🔵16　選🔵17 等

採用人数	通勤	選考方法	面接　書類選考 適性検査		日	随時
	1人				時	

🔵18 応募書類　履歴書（写真貼付）
　　　　　　職歴書、手帳のコピー

選考結果　14日後
　　　　　通知方法

試用期間　あり　労働条件　三ヶ月
　　　　　　　　変更なし

備考

❺ 雇用形態

　この求人に応募して採用された場合の雇用形態が記載されています。正社員、正社員以外（契約社員、準社員、嘱託社員）などです。正社員以外の場合は、「一年更新」「6ヵ月契約（更新可）」のように契約期間が記載されている場合もあります。

　なお、正社員の求人しか応募しないという方がいますが、正社員の求人には経験やスキルが求められます。正社員だけにこだわっていると応募する企業が限定されてしまうので、雇用形態やその他の条件はある程度幅を広げて、柔軟に検討することも大切です。入社時は正社員以外でも、正社員登用の制度を持つ企業も多くあります。

❻ 雇用期間

　常雇（常用雇用）あるいは臨時（4ヵ月以上）と記載されています。なお、試用期間がある場合および試用期間中の条件は"備考欄"に記載されます。

❼ 必要な経験、必要な資格等

　求人企業が求めている条件です。あなたの経験・資格と照らし合わせてみましょう。この欄によく記載されている「基本的なPC操作」とは、Word、Excel、Eメールの操作全般が行えることです。使ったことがある、もしくは習ったことがあるが、実務経験がないというレベルでは、企業が求めている条件に満たないことがほとんどです。

　実務経験の少ない方で、求人票を見てもその求人がどの位の経験を求めているのかを読み取ることができない場合は、一人で判断せずに他の人の意見も聞いてみましょう。特に電話応対を苦手とする方は、「電話応対」が必須かどうかは必ず確認しましょう。

❽年齢

2007年10月1日の改正雇用対策法の施行により、募集・採用の際に性別や年齢制限を設定することが原則禁止となりました。そのため、求人票に性別や年齢は記載されていません。

❾毎月の賃金（税込）

a欄は基本給（税込）です。金額に幅がある場合は、面接をしたうえで応募者の経験などにより賃金が決まります。内定の連絡と共に雇用形態、賃金等を含め、条件を提示されます。

b欄には、必ず支払われる手当が記載されます。c欄には、個人の条件により支払い状況が異なるような手当が記載されます。たとえば、扶養手当など対象となる人に支払われる手当などがこれに該当します。

高給与の求人には経験とスキル、そして成果が求められます。仕事内容をよく確認して、どんな経験や能力が求められているかを考えましょう。自分が企業の求める要件を満たしているかどうかをよく考えて、応募するかどうかを検討してください。

❿賃金形態

賃金は、時間、日、月、年の単位で定められ、支給されます。

「時間給制」は、1時間の定額で労働時間分が支給されます。「日給制」は1日単位の賃金が、日、週、月の単位で支給されます。たとえば日給月給制とは、1日単位の賃金を一月分まとめて一定時期に支給されるものです。つまり1ヵ月の勤務日数が少ない月、祝日が多い月などは支給額が変動します。「月給制」は月単位の賃金を定め、一定時期に支給されます。「年俸制」は基本年俸を決めて12均等割り、あるいは賞与月に各1ヵ月分を振り分けて14均等割りなどした金額が毎月支払われます。

ここには、あわせて賃金締切日および賃金支払日が記載されています。

⓫通勤手当
　通勤手当は実費を支給する場合と月当たりの上限を設けている場合と企業により異なります。支給も3ヵ月ごと、6ヵ月ごととさまざまです。また通勤経路も最短の経路を選択することを決めている企業もあります。

⓬昇給・賞与
　これらの欄に記載されている内容は、前年度の実績に関する情報です。会社・個人の業績により変動することがあるので、必ずしももらえるとは限りません。あくまでも目安程度と理解しておきましょう。

⓭就業時間
　通常は固定ですが、フレックスタイム制を取り入れている企業もあります。また、業種により夜勤やシフト制もあります。

⓮時間外
　時期によって残業時間が異なる仕事もあります。求人票に記載されている時間外の時間数はあくまでも参考です。実際には配属先にもよるでしょうが、それ以上の残業が発生する場合もあります。

⓯休日・週休二日制
　休日の曜日が固定している場合は、その曜日が表示されます。週に2日休みがある場合は週休二日制と表示されています。その会社独自のカレンダーで祝日に出勤する場合などもあります。夏季休暇、年末年始の休暇は備考欄に記載されます。

❻採用人数

　採用予定人数が多ければ当然採用される可能性が大きくなりますが、応募者の数も多くなると予想されます。早めに応募することを心がけましょう。

❼選考（選考方法）

　面接のほか、筆記試験などを行う場合もあります。適性検査や、新卒ではSPI試験もよく行われています。これは就職活動時に企業が受験者の能力を測るため行うもので、適性（性格）テストと能力テスト（通常、国語と算数に近い数学）を合わせたものです。試験対策として、SPI試験問題集も出版されているので、筆記試験が不安な方は問題集を購入して練習してみるのもよいでしょう。

❽選考（応募書類）

　面接の際に持参する物は履歴書（写真貼付）、職務経歴書、障害者手帳のコピーです。筆記試験がある場合に備えて、筆記用具も必ず持参しましょう。SPI試験の場合は、マークシート方式で答案用紙の該当する回答欄を鉛筆で塗りつぶして解答するので、HBの鉛筆と消しゴムを持参します。

❾特記事項・備考

　障害者設備（エレベーター、建物内車椅子移動、階段手すり、トイレ、出入口段差など）の情報が記載されているほか、定型的に記載できない特別なことが書いてあることがあります。契約更新率や個人評価など重要な情報が記載されていることがあるので、しっかりチェックしましょう。

就職説明会と
応募企業の絞り込み

　平成 22 年 2 月 1 日、私はハローワークの『障害者求人一覧表』を見て「厳しい…」とため息をつきました。2 月 23 日に「平成 21 年度第 2 回障害者就職面接会（中央会場）」が開催されるのに先立ち、求人が公開されたのです。障害者採用を行う 300 社が参加したのですが、現在サポートしている発達障害を持つ方にすすめられる求人がとても少なかったのがその理由です。300 社もこの面接会に参加するのにすすめられる求人が少ないとはいったいどういうことなのかと、皆さんは思うに違いありません。ハローワークの窓口でこの『障害者求人一覧表』の冊子が入手できるため、配布開始日は朝からこの冊子を求める求職者の方で込み合いました。普段は混雑することのない専門援助窓口もこの日は番号札を取って順番を待つという状況だったのです。この状況は以前に比べて求人が減少したことを表しています。一般労働市場では、平成 22 年 3 月の厚生労働省発表の有効求人倍率は 0.46 倍でした。近年で最も求人数が多かった平成 28 年度はというと、年平均の有効求人倍率は 1.36 倍です。つまり、少なくとも 1 人に 1 つ以上の求人があるわけですが、平成 22 年の時点では半分以下の求人数でした。

会社名を聞けば分かる障害者雇用のニーズ

　私は 10 年以上にわたり障害を持つ方の就職支援に携わってきました。私自身でも 1,000 社以上に及ぶ企業の人事担当者とお話をさせていただ

き、所属している会社単位でいうともっと企業数が増えるので、数千社の企業の障害者雇用の状況を把握しています。すべての企業ではありませんが、企業名を聞けばその企業の障害者雇用の募集条件（職種、雇用形態、給与等）の概要をお伝えできるくらいに頭に入っています。また、「あと1～2名は雇用したい」、もう法定雇用率は達成しているので「当面採用のニーズはない」など、その企業の障害者雇用のニーズも分かっています。私の持つデータと「求人票」の情報でその企業が求める人材像が明確に浮かび上がってくるのです。

　さて、平成22年2月の障害者就職面接会の求人は、一言で言うと"採用基準が高い"求人ばかりでした。それに加えて"電話応対必須"という表記がほとんどの求人の仕事内容に記載されていました。電話応対必須となると発達障害を持つ方にはたいへん難しい仕事となるのです。私が感じたところでは事務の求人の8～9割は電話応対必須となっているので、まるでこの表記はコミュニケーションを苦手とする方の足切りに使われているような気さえしました。

　しかしながら、憤慨してばかりもいられず、経済環境悪化の中での求人の減少は現実として受け止めなければなりません。求職者の方にはいつでもベストなサポートを提供したいと思っているので、この時も300社すべての求人の詳細をチェックしました。求職者は一人ひとり特性も違えば、仕事に対する希望条件も異なるので、個別に各求人とのマッチングを行います。ハローワークでの求人票が配布開始となった数日後、さっそく応募先企業と求人の絞り込みの相談に求職者の方が来社されました。本人が応募したいと選んだ企業と私たちの見たてにどのような差があったのか、そしてどのようにサポートしたかを紹介します。

Sさん（20代男性）の場合

＜経歴・特性および希望条件＞
　企業で働いた経験はあるものの、事務職は未経験。早口で、複数のことを言われると混乱してしまう特性を持つ。両親の意向もあり、正社員あるいは正社員への登用を強く希望。

＜企業選びの実際＞
　Sさんには就職説明会で応募しようと思う企業5社を事前に選んでもらっています。その5社の募集要項と選んだ理由は次のとおりです。
① A社（一般事務、正社員以外、募集5名）
② B社（一般事務、トライアル併用、正社員、募集2名）
③ C社（一般事務、トライアル併用、正社員、募集3名）
④ D社（一般事務、正社員、募集1名）
⑤ E社（一般事務、正社員、募集1名）

● A社を選択した理由：
「企業の製品に馴染みがあり、新卒の時にも応募したことがあるから」
➡ アドバイス 「過去に応募した企業にはエントリー履歴とその結果が残っています。多くの会社では過去の応募者であることをデータから把握できるので、可能性の少ない会社に応募するのはおすすめしません」。すると、Sさんは「過去の応募情報は、不採用になった時点で廃棄処分されて記録が抹消されるものと思っていました。最優先でA社に応募したいという強い気持ちはありません」と回答。

●B～E社を選択した理由：「正社員採用だから」
➡アドバイス 「B社、C社はトライアル併用なのでよいでしょう。D社の仕事内容はデータ入力、ファイリング補助など未経験でもチャレンジできそうな仕事内容なので受けてみましょう。ただし、正社員の求人には応募が集中すると思いますので、倍率は高いと思いますよ」。

「E社は、Sさんが苦手とされる電話対応もあり、備考欄にEXCEL、HTMLなどのPCリテラシーが高い方歓迎と記載されていますがどう思いますか？」、「パソコンは習いましたが実務経験がありません。確かにこの求人はかなりの経験者を求めていると思います」というやりとりの後、最終的に仕事内容から選択した別の2社への応募を決めています。

面接会の前にSさんにお願いしたことをまとめると次の通りです。
①過去に応募したことのある会社は応募先の候補から外すこと
②過去に応募した会社はリストを作成し、自分で把握しておくこと
③応募するときは仕事内容を優先して考えること
④当日は履歴書、職務経歴書は必要部数＋予備3部を用意すること
⑤応募する企業はホームページを見て調べておくこと

このように、一つひとつの求人について一緒に話し合い、相談をしていく作業がとても大切です。自分の選択した企業の他に、勧められた企業も受けてみるというように、会社の選択についても幅を広げていくことが必要です。選択肢を広げることにより、就職のチャンスが広がるのです。さらに、就職に成功する可能性を増やすためには、「正社員」という雇用条件に固執することなく、契約社員からのスタートを経験を積むためのステップと考えられるかどうかも大きなポイントです。まだまだ皆さん自身にしっかり考えてもらいたい多くのハードルがあります。

就職面接会　当日の流れ

①参加方法
　毎回、障害者就職面接会(東京)の会場は非常に混雑します。当日に参加申込みもできますが、面接会で効率的に就職活動をするためには、事前に参加申込みを済ませていたほうが良いでしょう。参加申込みの際に『障害者就職面接会求人一覧』をもらっておきます。都民以外の方は、地元のハローワークに登録していても、都内のハローワークに申込みをする必要があります。当日の開場は開催時刻の30分前です。開場したら、申込みをした各ハローワークの受付で、名札と就職面接会出席票(応募結果票)を受け取ります。

②面接番号札をとる
　面接会に参加される方はすでに応募企業を決めていると思います。『障害者就職面接会求人一覧』に記載されている座席表で、応募企業の面接ブースの場所を確認します。合図があったら、目当ての企業の面接ブースを回り、面接表示台にかけられている面接番号札を取ります。順番に番号が呼ばれますので、応募する企業の面接ブースの近くの待合席で待ちます。

③自分の順番が過ぎてしまったら
　1社面接を受けている間に、他の企業の面接の順番が来てしまっても心配することはありません。自分の順番が飛ばされても、面接を受ける企業のブースに行って、「○番です」と自分の番号を伝えると、次に面

接をしてもらえます。また、会場内の電光掲示板に企業名、面接番号が表示されます。自分の番がきていないか、ときどき確認してみましょう。

④ **面接会をうまく利用する方法**

あなたがいくらたくさんの企業の話を聞きたいと思っても、開催時間が限られています。企業によっては、希望者が多く、すでに多数の人が面接待ちをしている場合もあります。面接待ちをしている人の数は番号札の番号で判断できます。面接を希望する企業が複数ある場合は、状況を見て、札の番号の若い企業から面接を受けていきます。また、大勢の人が面接を受けるので、面接会の後半になると人事担当者も疲れてきます。若い番号札を取り、早めに面接を受けると、丁寧に対応してもらえるかもしれません。人事担当者にじっくり話を聞いてもらうためにも、志望度の高い企業から優先に面接番号札を取りましょう。

なかには、面接待ちのない企業もあります。応募書類（履歴書と職務経歴書など）は余分に用意し、応募を予定していなかった企業の話を聞いてみましょう。固定観念にとらわれず、幅広く話を聞くことは大切です。

時間内に面接が終わらなかった場合は、履歴書預かり用の封筒に履歴書を入れて、入場の際に受付をした窓口に提出します。

⑤ **面接結果**

面接を受けた企業からは、約2週間で結果が郵送されます。この間、結果の連絡をただ待つだけではなく、面接を受けた企業の面接内容を思い返し、しっかり振り返っておきます。質問にうまく答えられなかったところは修正し、次の面接に活かしましょう。また、結果の連絡がない場合は不合格とみなしてかまいません。気持ちを切替えて次の応募先を探しましょう。

発達障害の方に社会性を教える学校、翔和学園の試み

NPO法人翔和学園　佐藤貴紀

◎ 発達障害の方が抱える就労上の課題

　アスペルガー症候群のAさんは、昼休み中、上司といつものようにお互いに好きなCDの話をしていました。仕事中だった上司は、内心迷惑に感じながらも別にとがめる程度でもなかったので聞き流していました。すると、それを見て同じ障害を持つBさんが「上司が仕事してるんだから話しかけるな！」とかなり強い口調で注意してきました。そうなると売り言葉に買い言葉です。Aさんは「なぜあなたにそこまで言われなければならないんだ」とけんかになってしまいました。午後はほとんど仕事にならず、2人は家に帰されました。このトラブルは、ある暗黙の了解によって引き起こされています。

Aさん「人と話す時は、話をしてもよい状況か様子をうかがいながら話す。」

Bさん「他人を注意するときはトラブルにならないよう細心の注意をはらう。」

　定型発達の方にとっては、当り前のことと思われるかもしれません。しかし発達障害の方は、この場合はよくてこの場合は悪いというような状況に応じた判断が苦手です。つまり、「本人がもつ極端な行動指針」と「社会の当り前」とのズレが問題なのです。ちょっとしたボタンの掛け違いのようなものですが、働き続ける上でこのちょっとは決して小さなものではありません。

◎ 翔和学園での就労に向けた指導

　NPO法人翔和学園大学部は、学校は卒業したけれど社会参加が難しい18歳以上の方に社会性を教えています。学生の中で最も多いのが発達障害の方です。2002年の設立後、徐々に学生数が増え、今では50名を越えました。社会性を教えるとは、社交的な人間を育てるということとは違います。どういうことかというと、よりよい人間関係を築く力をつけて、社会の文化と自分自身の認識のズレを縮めていく支援をするということです。先ほどの事例なら、たとえばこんなルールを提示します。

Aさん「職場で人と話すときは、まず話をしていいか聞いて相手の了解を得る。」

　定型発達の方は話をしてもいい状況か否か臨機応変に判断しますが、それを苦手とする発達障害の方は、常に相手に了解を得ることで場面に左右されずに対応していくのです。

Bさん「ルールやマナーは自分が守ればよい。他人には注意しない。」

　社会道徳的にどうかと思われるかもしれません。しかし、時に行き過ぎた正義感は、自らを危険にさらします。電車でシルバーシートに座っている高校生に注意した学生は、殴られて血を流しながら帰ってきました。

　どちらも根本的な解決になっていないことは言うまでもありません。たとえばAさんの場合は、休憩室でも確認するわずらわしさについて、特性として職場の方に理解してもらう必要がありました。つまり、人と上手に付き合えるまでではないものの、最低限トラブルを起こさないための行動パターンをどれだけ増やせるか、それが発達障害の方の職業訓練では重要なのです。

　翔和学園大学部のカリキュラムは、授業と行事・実習がほぼ半々に

なっています。まず、授業で望ましい行動パターンを学びます。次に行事・実習を行い、学んだことが実践できるか、もしくはそのパターンが現場においてマッチするかを検証します。そして検証後、浮かび上がった課題をまた授業に反映します。それによって、できるだけ広くさまざまな場面で使える行動パターンを習得させ、実際の現場で定着させていきます。

◎ 学歴が邪魔になることも

　いざ就職活動を始めるとき、まずは自分が身につけたり、学んだりしてきた分野に挑戦するのが定石です。しかし最近になって、学歴をつけたためにかえって身動きが取れなくなって相談に来る方が増えつつあります。一見、学歴をつければ職業の幅が広がるように思われますが、相談に来た方々は全くの逆でした。つまり、学歴や専攻に見合わない職業を選択肢から外してしまうことで、針穴を通すような限定された就職活動になっていたのです。

　たとえば、職業適性の検査を受けて「研究員」という診断を受けたアスペルガー症候群の方がいました。本人は自分にぴったりの職業だと感動し、どうすればなれるのか聞いてきました。果たして世の中に自分の好きなものを発展させて大学で学び、研究員になれる人がどれだけいるでしょう。極端な思考形態に陥りやすい発達障害の方にとって、希望の職業に就ければ100点ですが、そうでなければ0点です。そしてもし0点になったとき、その現実を引き受けるのは本人です。そう考えたとき、安易に背中を押してあげることの無責任さを感じずにはいられませんでした。悩み抜いた挙句、保護者とも相談して進路変更を促し、研究は趣味でやりましょうという結論に至りました。

　このように、職業を選ぶにあたって、学歴がかえって可能性を狭めてしまうおそれがあります。その前にまずは「いかなる仕事も尊い」

という価値観をもつことから始めるべきでしょう。その後、自己客観視を進めながら現実味のある就職先を探していくことが求められます。

◎ 余暇をいかに過ごすか

　就労支援のセミナーや講演会に参加すると、「いかに働くか」は議論されても、「いかに余暇を過ごすか」にはほとんど触れられません。しかし発達障害の方には、自由に過ごせる余暇の時間にこそなんらかの支援、施策が必要のように思います。

　物流の仕事に就いたＣさん。就職して数日後、会社から学校に電話がかかってきました。「午後、急に動かなくなってしまったんです」

　その日のうちにＣさんに学校に来てもらいました。いじめられたのか、強く叱られたのか、いろいろ思いをめぐらせながら待っていました。「何かあったんですか？」

　考えうる限りの原因について聞きましたが、何を言っても答えません。沈黙が何分か続いたあと、ようやく弱々しい声で答えました。

　「さびしいんです……」

　翔和学園では卒業生の余暇支援として、文化祭など各行事への招待、年に３回の卒業生会、同窓会という形で飲み会を実施しています。在校生を含め70名以上で行われる卒業生会では、職場の悩みを相談してくることはほとんどありません。それよりも同級生とわいわい騒いだり、後輩に憧れの視線を浴びせられたりすることで、表情が明るく変わり、来たときより元気になっていました。このように、充実した余暇活動は、日ごろの悩みを打ち消してしまうほどのパワーをもっているのです。

　人生において、働くことはすべてでありません。就労を人生の一部ととらえ、生活や余暇にもバランスよく目を配る、それが長く働き続けていくためのコツなのです。

第5章

採用試験突破のために

履歴書の書き方

　履歴書は企業との最初の出会いのシーンであり、自分を企業に売り込むための手段です。自分はこんなことができて、このように活躍できる人材なのだと効果的に伝え、採用担当者に「この人に会いたい」と思ってもらうことが何よりも大切です。

✔ 履歴書を書くときの注意点

①記入する際の筆記用具

　黒のボールペンまたは万年筆を使うのが基本的です。直筆を見たいという理由から履歴書は手書きと指定する企業もあります。

　一方で、最近では手書きを指定する企業も少なくなってきており、パソコンで作成する人も増えています。仕事のブランクが長い人や事務経験の少ない人の場合は、パソコンで履歴書を作成すると、この程度はパソコンが使えますというアピールにもなります。ただし、パソコンで履歴書を作成した場合は、氏名の横に必ず印鑑を押します。

②字は丁寧に書く

　「字は人を表す」といいますが、字がうまい下手ではなく、丁寧に書いた字は必ず読み手に伝わります。読み手のことを考えて丁寧に書くことが大切です。面接に進むためには書類選考を通過しなければなりません。発達障害を持つ方には、字をきれいに書くことが苦手な方も多くいますが、それでもできる限り丁寧に書く努力をしましょう。

③下書きをする
　履歴書では書き損じをした場合、二重線で消したり、修正液を使わないのが原則です。履歴書の訂正箇所が多いと注意力が欠如しているのではないかと相手にマイナスイメージを与えかねません。失敗を防ぐには、エンピツで薄く下書きをした上からペンでなぞることです。間違えてしまった場合は面倒でも最初から書き直しましょう。

④日付
　提出直前の日付を記入します。面接に持参する場合は、その日の面接のために用意したことが伝わるように当日の日付を記入します。

⑤証明写真
　男性はスーツ着用、女性もスーツ着用（夏なら襟付きのブラウスなど）のフォーマルな服装で、スナップ写真は避けます。面接に相応しい服装、髪型、にこやかな表情の写真を選んでください。

⑥学歴
　学歴は一般的に高校から記載します。ただし、小・中学校を海外で過ごしたり、ストレートに卒業していない方は在籍していた学校をすべて記載します。

⑦職歴
　それまで働いていた職業の経歴を職歴といいます。履歴書上では、職歴と職歴の間にブランク（仕事の途切れている部分）がないように記入することが重要です。ブランクがあると、面接官からは「その期間は何をしていたのか」、「なぜ仕事をしていなかったのか」などと質問されま

図1 履歴書例（新卒の場合）

履 歴 書

平成22年3月20日現在

ふりがな	にっぽん　　たろう	
氏　名	**日本　太郎**	写真をはる位置

平成元 年 12 月 29 日生（満 21 歳）　㊛・女

写真をはる必要がある場合
1．縦　36〜40mm
　　横　24〜30mm
2．本人単身胸から上
3．裏面のりづけ

ふりがな		電話
現住所	〒102-0084　東京都千代田区二番町11-5　番町HYビル6階	03-3556-5211
ふりがな	メールアドレス：	携帯電話
連絡先	（現住所以外に連絡を希望する場合のみ記入）	090-xxxx-xxxx

年	月	学歴・職歴（各別にまとめて書く）
		学　　歴
平成16	4	都立○○高校入学
平成19	3	都立○○高校卒業
平成19	4	○○大学○○学部○○学科入学
平成23	3	○○大学○○学部○○学科卒業見込み
		以　上
		賞罰なし

＊新卒の場合は自己ＰＲが重要です。
大学独自の書式がある場合は自己ＰＲ欄に記入します。
独自の書式がない場合は自己紹介書（p.109）を別途作成します。
アルバイト経験やサークル活動などをアピールしましょう。

記入上の注意　1．鉛筆以外の黒または青の筆記用具で記入。　2．数字はアラビア数字で、文字はくずさずに正確に書く。　3．※印のところは、該当するものを○で囲む。

年	月	学歴・職歴（各別にまとめて書く）

年	月	免　許・資　格
平成19	8	普通自動車免許取得
平成21	11	マイクロソフトオフィススペシャリスト
平成21	12	TOEIC公開テスト760点取得

志望の動機、特技、好きな学科など

金融系システムに強い御社でSEを希望しています。特に会計システムの分野に興味を持ち、独自に勉強してきました。御社の一員になることができたら、顧客ニーズに応えるソフト開発をしたいと思っています。

本人希望記入欄（特に給料・職種・勤務時間・勤務地・その他についての希望があれば記入）	通勤時間
今回自らの障害を開示したうえで就職を希望いたします。常に誠実で、物事に真面目に取り組み、粘り強くやり遂げますが、臨機応変な対応は苦手な特性があります。	約 1 時間
	扶養家族（配偶者を除く）
	配偶者　　配偶者の扶養義務
	有・(無)　　有・無

保護者（本人が未成年の場合のみ記入）	電話
ふりがな	
氏　名	住所 〒

第5章 採用試験突破のために

図2 履歴書例（経験者の場合）

履 歴 書

平成22年3月20日現在

ふりがな	にっぽん　　はなこ
氏　名	日本　花子

平成元　年　12　月　29　日生（満　21　歳）　男・㊛

ふりがな		電話
現住所	〒102-0084 東京都千代田区二番町11-5　番町HYビル6階	03-3556-5211
ふりがな 連絡先	メールアドレス： （現住所以外に連絡を希望する場合のみ記入）	携帯電話 090-xxxx-xxxx

写真をはる位置

写真をはる必要がある場合
1．縦　36〜40mm
　　横　24〜30mm
2．本人単身胸から上
3．裏面のりづけ

年	月	学歴・職歴（各別にまとめて書く）
		学　　歴
平成16	4	都立○○高校入学
平成19	3	都立○○高校卒業
		職　　歴
平成19	4	○○○株式会社　入社（アルバイト勤務）
平成21	7	○○○株式会社　退社
		職業訓練歴
平成21	8	普通職業訓練　短期課程　○○コース　入校
平成21	11	普通職業訓練　短期課程　○○コース　終了
平成21	12	○○障害者職業センター　発達障害者就労専門支援プログラム受講
平成22	2	○○障害者職業センター　発達障害者就労専門支援プログラム終了
		賞罰なし

記入上の注意　1．鉛筆以外の黒または青の筆記用具で記入。　2．数字はアラビア数字で、文字はくずさずに正確に書く。　3．※印のところは、該当するものを○で囲む。

年	月	学歴・職歴（各別にまとめて書く）

年	月	免　許・資　格
平成19	8	普通自動車免許取得
平成21	11	マイクロソフトオフィススペシャリストExcel一般取得

志望の動機、特技、好きな学科など

経理事務や一般事務のアシスタントとして幅広い仕事を経験してきました。データ入力などはスピーディーに正確に行うことができます。今後は自分のスキルを高めながら、長期に活躍したいと貴社を志望いたしました。

本人希望記入欄（特に給料・職種・勤務時間・勤務地・その他についての希望があれば記入）	通勤時間
今回自らの障害を開示したうえで就職を希望いたします。私の特性として仕事の流れを理解することを苦手としていますので、仕事のフローや仕事の指示を文書でいただけると助かります。	約 1 時間

扶養家族（配偶者を除く）

配偶者	配偶者の扶養義務
有・(無)	有・無

保護者（本人が未成年の場合のみ記入）　電話
ふりがな
氏　名　　　　　　　　　　住　所
　　　　　　　　　　　　　〒

第5章 採用試験突破のために

す。質問されると分かっていることは、あらかじめ記入してしまうのが得策です。週2～3回のアルバイトでも結構です。面接では、「アルバイトをしながら（あるいは資格取得のための勉強をしながら）求職活動を行っていました」と補足説明すればよいでしょう。

⑧志望動機

　応募した業界および会社に興味を持った理由、どんな仕事を希望するのか、自分は会社にどのような貢献ができるのかを伝えます。志望の熱意が伝わることがなによりも大事です。

　どうしてもうまい志望動機がみつからない場合は、「御社は障害者雇用を積極的に行っている企業だと聞いています。その御社の環境の下で、自分の能力を最大限に活かし、活躍したいと思いました」と説明するのも一つの方法です。

職務経歴書を作成する（中途採用の場合）

　履歴書は学校を卒業してからのあなたの経歴を時系列に記載したものです。一方、職務経歴書とはあなたがこれまでに就業していた会社で担当していた業務の内容を詳しく記載するものです。たとえば経理事務の経験のある方であれば担当した業務の項目を記載し、"伝票入力、小口現金、伝票仕分けから決算まで" "5年間" というように、職務経歴書を見た採用担当者があなたの経験と事務能力を具体的にイメージできる内容を記載します。また、在籍していた企業の事業内容、規模（従業員数）、配属されていた部署の従業員数なども人事担当者が知りたいことです。就業していたときの雇用形態、在職年数なども一目で分かるように記載するとさらに完璧な職務経歴書になります。

派遣社員として就業していた方は、就業年数によって書き方の工夫が必要です。派遣先の企業数が少ない場合は、派遣先の企業でどんな業務に従事していたか、あなたの実務経験を記載します。派遣先の企業の数が多い方は、派遣先の企業ごとに記載する必要はありません。派遣会社ごとにまとめて経験した業務内容を記載するか、あるいは○年から○年まで派遣就業とし、経験した実務経験を記載してもよいかもしれません。さまざまな企業で幅広く実務経験を積んでいることを強調します。

　前項で志望動機について説明しましたが、自己PRはできる限り志望動機に関連づけて表現すると説得力が高まります。業界および会社に興味をもった理由と自分の経験やスキルでどんな貢献に結びつけられるのかを述べるのがポイントです。

自己紹介書を作成する（新卒採用などの場合）

　新卒の方、職歴の少ない方は自己紹介書を作成します。在籍している大学独自の書式の履歴書に志望動機や自己PRなどを書き込む欄があれば、そこを利用してください。自己紹介書には、ゼミ・研究、自己PR・特徴、これまでに力を入れたこと、志望動機、資格・免許、趣味・特技などを記載します。自分はどんな性格で、今までどのような生き方をしてきて、どんなことを得意としているか。学生生活で何を学び、これから社会に出るにあたりどんな心構えで何をしたいのか。これらを記載することによりあなた自身を印象付けるのが自己紹介書です。学業以外に力を注いだこととしてサークル活動などの経験のない方は、アルバイト歴やボーイスカウト、ボランティアなどの経験を記載します。特筆すべき経験のない方は、パソコン操作のレベルや使用できるソフトなど仕事に役立ちそうな経験やスキルを強調し、自己PRに努めましょう。

面接でのマナー・身だしなみ

服装と身だしなみ

　面接の際の服装は、男性は紺やグレーのダークスーツにネクタイを着用します。ワイシャツは白が好まれる業界もあるので、カラーシャツは避けたほうが無難でしょう。女性の場合は、スーツ（スカートでもパンツでも可）またはジャケット着用が基本です。また、派手なアクセサリーは付けないようにしましょう。

　そのほか、髪が寝ぐせでボサボサになっていないか、肩にフケやホコリが付いていないか、スーツがしわになっていないかなど事前に鏡を見て身だしなみを確認しておきます。面接の際に、清潔で礼儀正しく感じの良い印象を与えることは大変重要です。

受付で

　個別面接の場合は、企業の受付で「私は○○と申します。採用面接のために参りました」と、名前と訪問の目的を伝えます。

　企業によっては受付で入館票の記入などの手続きを行います。受付を済ませると入館証を渡されることもあります。入館証は首から下げる形式や、胸ポケットにクリップで挟む形式のものなどがあります。胸ポケットがない場合は、入館証のバッジの裏に付いている安全ピンで胸の位置にとめます。退出する際には、入館証を返却し忘れないようにしましょう。

面接での振る舞い

面接では、明るく元気に振る舞いましょう。最初の挨拶で第一印象が決まってしまいます。普段から正しい敬語が使えるよう練習しておきましょう。また、話し方に抑揚のない人も印象が暗くなりがちです。人生でのここ一番の舞台では、思い切って明るくハキハキ話しましょう。

入退出時のマナー

入室時は、ノックをしてからドアを開けたのち、面接官に一礼しながら「失礼いたします」と一言添えて入室します。面接官が自分のあとから面接室に入室してくる場合には、ドアが開いたときに立ち上がって一礼します。着席する際には、まずはイスの横に立ち「私は○○○○と申します。本日はよろしくお願いいたします」と簡単な挨拶をします。面接官からイスに座るよう勧められてから「失礼いたします」と言って着席します。面接終了後、退出時は「本日はありがとうございました」と一言お礼を述べます。

名刺を受け取る

面接官から名刺を受け取るときには、立ち上がって両手で受け取ります。面接が終わるまではしまわずに、自分の名刺入れの上に置いたまま、机の上に出しておきます。名刺入れを持っていない人は机の上に置いておきます。相手が複数の場合は、並んでいる順に名刺も並べて置きます。

面接終了後、部屋を退出するときに必ず「頂戴します」と言って、名刺入れ（あるいはカバン）にしまいます。

面接の流れと質問例

次に、一般的な障害者採用の面接の流れを説明します。

① **会社説明**

通常、企業の担当者がその企業の歴史や沿革、事業内容などについて説明をします。募集職種があらかじめ想定されていれば、その仕事の内容について詳しく説明を受けます。

② **自己紹介**

● **新卒あるいは職務経験の少ない方の場合**

大学時代のゼミのこと、高校時代の部活動のことを話してもよいと思います。そこからどのようなことを学んだかをポイントに話します。また、職歴の少ない方はアルバイト経験も伝えるとよいでしょう。

ここで注意すべき点は、たとえば卒業論文や自分の得意な分野について話すときなど、専門用語を並べてしまうと相手は理解できないこともあります。相手のことを考えて、分かりやすく説明することを心がけましょう。

● **就業経験のある方の場合**

自己紹介の形で時系列に職歴（仕事の経験）を説明します。職務経歴書を見ながら話す場合には、「自己紹介は職務経歴書を見ながらでよろしいですか？」と一言断りを入れましょう。自己紹介のポイントとしては、「簡潔に！」という一言につきます。たとえ職歴がたくさんあったとしても要領よくまとめて説明することが重要です。

③ 退職理由

　職歴が複数ある方は必ず退職理由を聞かれます。会社都合、結婚、出産、移転等は問題ありませんので、率直に答えましょう。自己都合による退職の場合は、たとえ人間関係を理由に退職したとしても、面接でそれをストレートに話すとマイナスに受けとられます。何事もすべてポジティブに話すことを心がけ、自分自身のステップアップ、キャリアアップに結びつくように話すことができるとよいでしょう。

④ 志望動機

　事前に、十分に企業研究をしてください。たとえば、「ぜひ御社でモノ作りに関わりたい」「御社の省エネタイプの電化製品は、小さい頃から家で使用していたので大変身近に感じていました」「御社でモノ作りそのものに関わることは難しいかもしれませんが、バックヤードでその一端に関わりたい」など、その企業で働きたいという気持ちをアピールしてください。また、「御社が積極的に障害者雇用に取り組んでいることを知り、ぜひ御社で活躍したいと思い応募しました」などと答えるのもよいかと思います。

⑤ 将来の自分

　10年後の自分がどうなっているかは誰にも分かりません。しかし、社会人には将来の夢や展望に向けて具体的に実現するよう努力していくことが望まれます。1年後に自分はどうなっていたいか。たとえば仕事を覚え、少しずつ仕事を任されていく。近い将来からイメージし、スキルや知識を吸収し、技術力を身につけたいなど、仕事に結びつけて夢を語ることがポイントです。決してプライベートの夢を聞かれているのではないことを忘れないでください。

⑥障害について

　障害のために配慮が必要なことがあれば必ず伝えましょう。通院の際の早退・休暇、仕事の指示は文書で欲しいなど、配慮してほしい内容を事前にきちんと伝えることが、その後の働きやすさにつながります。ただし、障害であってもやはりポジティブに伝えるということを忘れないでください。自分自身の特性から苦手なことがあったとしても、「こういう作業は苦手ですが、これはできます」というようにプラスのイメージで話を終えることが大切です。

⑦質問

　面接の最後に、「何か質問はありますか」と採用担当者に聞かれることがあります。ほとんどの場合、親切心によるもので、質問により評価が変わることはまずありません。しかし、次のことに思い当たる方は注意しましょう。

　まず、コミュニケーションが苦手で面接では特に緊張しやすい方は、ここで黙り込んでしまうことがあります。思いつかない時は無理に質問をする必要はありません。「今の段階では特にありません」、「今は特に思いつきません」という返事で結構です。

　もう1つの例は、本人の特性から次々とエンドレスに質問をしてしまう場合です。質問を数多くしても良い効果はありません。むしろ、状況判断ができないとしてマイナス評価につながってしまいます。質問をする場合は、1つ2つに留めておきましょう。

　質問内容については、ホームページを見れば分かることや会社説明の中で説明されたことを再度質問すると準備不足と思われてしまいます。また、処遇（給与の額など）についても、最初の面接では聞かないほうが無難でしょう。

面接形式あれこれ

　主に新卒採用の場合、個人面接のほかに次のような形式で採用面接が行われる場合もあります。発達障害を持つ学生の方々にとってはハードルがより高いと思われますので、心の準備が必要です。

①グループディスカッション
　与えられたテーマを元に4～8人で討議させ、結論を出させて発表させる面接形式です。グループの中で他のメンバーにどう関わっていくかという、個人面接では判断できない対人力、特にチームワーク（協調性）、リーダーシップ、状況判断力、問題解決力などが見られています。

②グループワーク
　出題された課題をグループで検討し、解決策を考え、一つの結論・成果物を出します。その場の状況に応じ、自分の役割を認識し、どのように行動するかが評価されます。

③グループ面接
　集団面接で、質問が順番に回ってくるので、他の学生と比較されやすいという特徴があります。一人あたりの時間は限られているので、他の人に影響されることなく自分をアピールする必要があります。

④圧迫面接
　わざと威圧的な質問を投げかけ、その対応をみる面接手法です。最近はあまり聞かれなくなりましたが、このような面接がないとはいえません。とにかく冷静に普段の通りの対応をしましょう。

面接テクニック

面接で見られるコミュニケーション能力とは

　面接ではコミュニケーション能力が見られています。組織の中で仕事をするには、そして職場でうまく仕事を進めていくためには双方向のコミュニケーション能力が重要なのです。ここでいうコミュニケーション能力とは、友達と仲良く会話ができたり、盛り上がったりということではありません。面接では、質問に対してその意図を正しく理解し、自分の考えをまとめ、論理的に答えられるかということが見られています。

面接のために準備した原稿は読まない

　面接でどのような質問がされるのか、ある程度は予想できます。前もって質問を想定し練習をしておきましょう。模擬面接練習を受けられる就労支援機関もあるので、これらを活用し、練習を積んでおくのも一つの方法です。
　ここで注意したいのは、面接用に志望動機などを原稿にまとめて、丸暗記し、一字一句間違えないように答えようとする人です。一字一句にとらわれると、途中の文章を忘れたときに頭の中が真っ白になったり、想定外の質問をされたときに動揺してなにも答えられなくなってしまいます。事前の準備としては、自分の考えをまとめて、伝えたいポイントだけを箇条書きにしておきましょう。そして、各質問に対して自分の言葉で表現できるような練習を積んでおくことが大切です。

面接官が何を聞きたいかを考える

　面接中に、自分の意見を語り始めて止まらなくなってしまう方がいます。そのような方に限って、採用担当者が話を修正しようとしたり、元に戻そうとしてもそのことにはまったく気付かず、チャンスを棒に振ってしまう結果になるのは残念なことです。面接では自分の意見や思いだけを語るのではなく、面接官が何を聞きたいかを察知することが大切です。面接官が自分の話をどう受けとめるか推測しましょう。面接官が聞きたい話、あるいは聞きたい内容について簡潔に答えることが重要です。面接官と自分との双方向のコミュニケーションをするためにも、特に話し始めたら止まらない傾向がある方は、自分一人がしゃべりすぎていないだろうかと考えてみてください。

極度に緊張する人は

　誰でも面接で緊張するのは当たり前です。演劇や講演などでは、適度な緊張感があるほうが、集中力が高まり、パフォーマンスが高められると言われています。しかし、緊張が過度になると、もともと初対面の人と話すのが苦手であれば頭の中が真っ白になり、言葉もスムーズに出てこなくなってしまうでしょう。慌ててしまわないためには、何度も面接のイメージ練習をすることが必要です。そして面接室に入る前には、ゆっくり大きな深呼吸をしましょう。面接の直前段階では、とにかく明るくハキハキと自己紹介することだけを心がけましょう。

　それでも緊張してしまったら、素直に「すみません。緊張しています」と面接官に言ってしまいましょう。自分から言ってしまうと逆に開き直りの気持ちが出てきて落ち着くかもしれません。

✓ 「御社で経験したい」はNG

就業経験のある方にありがちなのが、「御社で勉強させてもらいたい」、「御社で経験させてもらいたい」という発言です。中途採用の場合、多くの企業は戦力になる人を採用したいと思っています。企業は「自分の持っているスキルで御社に貢献したい」という人と「御社で経験したい（教えてください）」という人のどちらを採用するでしょうか？　その答えは、みなさんならもうお分かりですね。

また、1社の就業中に1年おきに担当業務を変えている人は自分の職務経歴を見直してみてください。一般に、一つの業務を2～3年経験してはじめてその実務の経験とみなされます。たびたび担当業務を変えている人は、"その仕事で使えなかった"あるいは"すぐに他の仕事がやりたくなるわがままな人"と見られがちです。担当替えになった理由を適切に説明しましょう。そして、一つの業務にじっくり取組み、実力を身につけたいと伝えましょう。

✓ やる気と熱意を伝える

面接で一番大事なことは、その会社で働きたいという気持ちが面接官に伝わるかどうかということです。その企業で働きたい気持ちと努力する姿勢を一生懸命伝えた方（もしくは伝えようとした方）が面接で合格しています。「最初は皆さんからいろいろ教えていただくことが多いと思いますが、自分で一日も早く仕事を覚えるよう頑張ります。早く一人前になって少しでも御社に貢献できるようになりたいです」というのがベストアンサーです。人前で話すことが苦手でも、あなたの人生で大事な瞬間ですから、ここ一番という面接の時には「御社に入社できたら、

私のこのような能力（経理の経験やパソコンスキルなど具体的に）で貢献したい」としっかりと伝えましょう。

　私は長く新卒の学生の就労支援にも携わっていますが、大学、短大、専門学校、高校などの違いに関わらず、新卒の学生の仕事に対するイメージは漠然としています。そのため、就職面接で最初から「私はぜひ御社に入社したいです。入社したら、こういう仕事をしたいです」と言える人はほとんどいないことを知っています。この会社でこういうふうに働きたいという気持ちを伝えられないのですから、当然面接に通りません。しかし、あきらめずに面接を受け続けているうちに、就職活動中の皆さんの姿勢が変化してきます。おそらく、皆さんの中で「働きたい」「この会社に入りたい」という気持ちが醸成されてくるのではないかと思うのです。コミュニケーションが苦手な方も、面接の場面でしっかりと、「私はパソコンの操作ができます。仕事については分からないことばかりですが、職場の方々に教えていただきながら頑張りたいと思います」と言えるようになるのです。

　このように、わずか数ヵ月のうちに、人前で話すことが苦手で面接の度に極度に緊張してしまう方が、面接の経験を積んで、その経験から何かを学びます。「御社で頑張りたいです」と真剣に言うことができるようになった時、その人の表情はすっかり変化しています。面接のとき初めは緊張して挨拶がやっとだった方が、ほんのわずかの間に、見違えるようにしっかり話をするようになって驚くケースがたくさんあります。このように、仕事がしたいとはっきり表現できるようになった方は面接に合格し、めでたく就職に成功します。こんな素敵な瞬間を見届け、一緒に喜べることが私たちキャリアアドバイザーにとってやり甲斐を感じるときです。

自閉症の強みを引き出す企業、Kaien

株式会社Kaien　鈴木慶太

◎ 自閉症者の弱みを消す→強みを引き出す

　株式会社 Kaien（カイエン）は自閉症スペクトラムの方々にソフトウェアテスト分野で優れた技術者として活躍してもらおうという会社です。

　Kaien が考えているのは、発達障害者の就労支援でこれまでとられていたアプローチとは根本的に異なります。弱みを消すという考えから、強みを引き出すという考えへの転換です。具体的には、自閉症の弱み（コミュニケーション力や社会性、こだわり）を補正することでなるべく"普通"の人間として企業に雇用してもらおうというこれまでの考え方から、いわゆる定型発達の人は持っていない自閉症の強み（論理性、細部への配慮、異常発見能力、ルール遵守の精神）をいかに探し、伸ばせるかに力を割く考え方をしようというものです。後述しますが、この考えに一番フィットしそうなのが IT 業界で広く必要になるソフトウェアテストの技術者です。

◎ ソフトウェアテストに着目したスペシャリスタナ社

　この関係にいち早く注目したのが、2004 年にデンマークで設立された営利企業の Specialisterne 社（スペシャリスタナ）（デンマーク語で「専門家」という意味）です。自閉症の息子を持つ IT 技術者トーキル・ソナ氏によって創業されました。今では欧米をはじめ世界各地の自閉症関係者から招待を受け、各地でこの成功談を披露しています。2009 年からはヨーロッパ各地でフランチャイズ化の計画が進んでいて、2010 年にはス

コットランドのグラスゴーで、初の海外拠点がスタートする予定です。

スペシャリスタナ社では、40人程度（2010年3月現在）の従業員のほとんどがアスペルガー症候群や高機能広汎性発達障害を持つ人です。多くはIT分野で働いた経験がない初心者でしたが、5ヵ月かけて自閉症の評価や職業訓練を行い、その後各種ITサービスを提供する技術者として働くようになります。軽作業や書類のPDF化など日本では特例子会社が主に行っている業務もありますが、この会社の特徴はソフトウェアテストを業務の柱にしているところです。デンマークの一流企業だけでなく、マイクロソフトやオラクルなどからも業務を受託した経験があります。

ソフトウェアテストは、ソフトウェアやシステムの品質を管理するとても重要な業務です。しかし、同時に地味な作業でもあります。文章を書くときの校正作業に似ていて、他の人が設計しプログラミングした内容に間違い（バグ）がないかチェックしていくという作業になります。なぜ自閉症スペクトラムの人にこの作業が向いているのかというと、①もともとソフトウェアテストに必要とされる能力が自閉症の特徴と非常に似ているから、②定型発達の人が苦手とする分野であるから、という理由が挙げられます。つまり、バグを探すためには一貫した論理力、細かなミスも探そうとするこだわり、ありえないバグも探し出す生真面目さが求められ、「面倒くさい」と思ってズルをしたり、細部まで気を配らず大体あっていればOKというような総論しか見ない作業では、最終的な製品にバグが残ってしまうのです。

私がこのスペシャリスタナ社について知ったのは、アメリカのビジネススクールに留学していた2008年5月のことでした。私自身、スペシャリスタナ社の創業者トーキル氏と同じで、息子が3歳のときに自閉症と診断されています。私自身IT業界での経験はなく、ソフト

ウェアテストについては皆目見当がつかなかったのですが、これは確かにビジネスとしていけるかもしれないとすぐに感じました。私の息子の特徴とやはりピタリと合っていたからです。直後にメールを出し、数ヵ月後にコペンハーゲンのスペシャリスタナ社の現状を見学した後、日本で同じようなビジネスができないか情報を集めはじめました。そして、このリサーチをまとめて全米各地のビジネスプランコンペティションに出たところ、大きな注目を集め、主要コンペティションでの優勝を含む複数回の上位進出を果たしたのです。

その後、私と同じように考える人に留学先のシカゴで出会い、米国初の事業立ち上げの陣頭指揮をとらせてもらうことができました。NPO法人 Aspiritech（アスピリテック）として2009年1月から活動を開始し、シカゴ近郊のソフトウェアベンダーから業務を委託される形でソフトウェアテストを行っています。すでにNPR（米国の公共ラジオ放送）やMSNBC（大手複合メディア）に取り上げられるなど注目されています。

◎ 株式会社 Kaien の設立

このような経験を手土産に2009年夏に日本に帰国。仲間や支援者からの協力を受け、2009年9月に株式会社 Kaien を設立しました。世界一ともいわれる福祉先進国・デンマークのビジネスモデルは、日本での応用は無理という指摘は常にいただきます。もちろん簡単な挑戦ではないと分かっています。しかし、日本の現状に合わせる形で自分達なりのビジネスモデルに進化させていく考えです。

大きな変更は2つあり、一つは障害者雇用の制度を活用して多くの人を業界に送り出すこと、もう一つが自社での雇用を数年後と考え、それまでは他のIT企業への就職を斡旋することにした点です。

日本特有の制度である障害者雇用を活用する点については、正直な

ところ非常に残念な気がしています。いつかは障害者雇用でなくても良いくらい、周囲に有無を言わせない優れた能力を持った自閉症スペクトラムのソフトウェアテスト技術者を輩出していきたいという気持ちはあります。しかし理想と現実のギャップは大きいというのが正直な感想です。現在、発達障害の程度に関わらず就職が非常に難しく、一方で企業が今困っているのは障害者雇用をいかに増やすかという点です。Kaien はこの両方のニーズ（求職者側の、自閉症である自分の強みを活かしたいというニーズと、企業の障害者雇用を促進したい、法定雇用率を達成したいというニーズ）を結び付けるのが当面の目標です。

そこで、職業訓練に力を入れ、教育方法や管理方法の実践的ノウハウを社内に蓄えていきたいと考えています。帰国して多くの自閉症スペクトラムの方とお会いする中で、非常に優れたポテンシャルを持つ方が多いものの、残念ながら IT 企業での職務経験がない、あるいは少ない方が圧倒的に多いということを感じています。初心者でもできるだけこの職種にチャレンジできるように、国の助成制度を活用して訓練を実施し、その修了生をジョブマーケットに送り込む予定です。

おかげさまで、これまで多くのご理解をいただいています。たとえば 2009 年 10 月から NTT データだいち社（NTT データグループ特例子会社）と協同でこのモデルの導入を支援するプロジェクトを行っています。また 2010 年 4 月からは、東京しごと財団の障害者委託訓練制度を活用する形で「発達障害者のためのソフトウェアテスト訓練」を立ち上げました。

その他、各界の研究者からの支援も仰いでいます。昭和大学医学部附属烏山病院と情報交換を行い、宇都宮大学・梅永雄二教授にはアドバイザーとしてご意見を伺っています。またソフトウェアテストの領域で第一人者の電気通信大学・西康晴講師にリサーチパートナーと

して協力を頂いています。

　Kaien は株式会社です。利益を出さないといけません。なので、すべての自閉症スペクトラムの方に活躍の場を提供できるわけではないことは分かっています。しかし、今雇用されていなくても優れた方がいて、その方たちの力で資本主義の中できちんと利益を出していくことができるはずだ、それができれば私たちのミッションである「自閉症のイメージを変える」ことができるはずだと思って、日々走り続けています。皆さんの声を聞きながら、理想と現実のバランスを上手にとり、より多くの人に感動してもらえるサービスを提供していきたいと考えています。

　株式会社 Kaien ホームページ　http://www.kaien-lab.com

第6章

先輩に学ぶ

Aさん（20代女性）の場合
（学習障害・アスペルガー症候群）

＜経歴および特性＞
　アルバイトで軽作業や契約社員として事務補助など、2～3社の就業経験がある。直近の事務補助で就業した職場は、業績悪化による会社都合にて退職。全体を捉えることや仕事の全体の流れを理解することを苦手とする。就労に関する希望としては、自分にできる仕事に就きたいということ以外は、とくに条件はない。

＜アドバイス＞
　Aさんは自分を表現する言語能力はあるものの、障害の特性から口頭だけでは相手の意図や指示を十分に把握することができません。周囲の方にお願いしたい配慮として、1日の作業内容を書面にし、仕事の指示は文書にしてほしいことを伝えることにしました。このことを職務経歴書の自己PR文の中にお願いしたい配慮として記載して、面接でも補足説明しました。

＜採用試験＞面接計3回（人事2回、配属先1回）
　自分の苦手なことをきちんと伝えたこと、周囲に本人が希望する具体的な配慮を的確にお願いしたことで、配属先もどのように対応すればよいのか具体的なイメージを持つことができ、スムーズな採用につながりました。
　配属先および担当業務は支店の庶務で、郵便物の仕分けや郵便物の宛

名ラベルの印字・封入・封緘（郵便物に封をする）業務など、簡単な作業からスタートしています。文字をバランスよく書くことを苦手としているAさんは、封筒の宛名はパソコンで作成するなど自分なりの工夫をしています。

＜キャリアアドバイザーからの一言＞

　2回目の面接の際、Aさんはいつもかけている眼鏡を自宅に忘れてきてしまいました。自宅を出る直前に眼鏡がないことに気がつき、いくら探しても見つからず、そのまま私との待合せ場所に現れたAさんは突発的な出来事にパニック状態になっていました。「眼鏡を忘れても面接にはなにも問題はありませんよ」とAさんに声をかけ、気持ちを落ち着かせました。また、眼鏡なしでは視力が弱いため、一生懸命に見ようとするあまり、相手に目つきが悪いという印象を与えてしまうように見えました。眼鏡を忘れたことによるAさんの動揺が大きかったので、面接の際には私から面接官に「Aさんは今日眼鏡を忘れてしまいました。眼鏡がないとまったく見えないというわけではありません。眼鏡なしで見ようとするあまり、ちょっと不自然な目つきになるかもしれません。仕事の際は眼鏡があればまったく問題ありません」とフォローしました。私が事前に説明することによりAさんも落ち着いたようです。

　内定が決まった後、Aさんは私たちキャリアアドバイザーのアドバイスに従い、郵便の宛名の書き方などを練習したり、パソコンの練習を積み重ねていきました。入社直前には「会社員らしい服装の基準がよく分からない」という申し出がありました。以前の職場でスカート丈やブラウスの柄などがオフィスに相応しくないと注意を受けたことがあったそうです。現在はアドバイスを元に自分でルールを作り、会社ではジャケット着用と決めて通勤しています。

Bさん（30代女性）の場合
（アスペルガー症候群）

<経歴および特性>
　一般就労で正社員として数社を経験、直近ではサービス業界に在籍。簿記2級の資格を持つ。前職で部下を持ったことがきっかけで、さまざまな社員の話を聞いて対応しなければならないことに自分の苦手さと不安が顕在化し、診断を受ける。大手企業の専門職で活躍できる、真面目で優秀な方という印象。

<アドバイス>
　Bさんの就労への条件は、資格を活かせる数字を扱う業務をアシスタントから始めたいこと、安定して就業するために正社員への登用があることでした。それを踏まえ、経理事務アシスタントの仕事を紹介しました。雇用形態は契約社員、1年後に正社員登用という条件にBさんの不安が強かったため、契約社員の期間は見極めの期間で、試用期間と同じように考えていることをじっくり説明しました。企業にもBさんの不安を伝えたところ、契約社員の期間は6ヵ月間となりました。

<採用試験>面接4回（人事、職場担当者、役員）および適性検査
　採用面接では、Bさんの真面目さ、礼儀正しさ、能力の高さは十分に好感度の高いものでしたが、なにより自己を客観視できる点が決め手になったのではないかと思います。自分の特性を自己分析した上で経理業務を選択し、就業しながら資格取得したことも評価されました。

配属先は、他の部署の方々と接触することが少なく、所属員数も少ないチームになりました。業務内容は経理の中でも定型化された業務からスタートしています。実務マニュアルも用意されており、入社間もないうちは1日の業務の終了時に必ず指導者のチェックを受けること、慣れてきたら少しずつ業務を増やしていくこととしました。

＜キャリアアドバイザーからの一言＞
　Bさんのケースで人事担当者が最も配慮したのが、人事考課制度でした。Bさんが正社員登用への強い希望を持っていたので、人事考課制度は避けて通れません。通常、人事考課制度は従業員の能力や仕事ぶりを評価し、賃金や業績手当、昇進・異動などの決定の材料とします。評価項目は、判断力、企画力、技術、知識、仕事の質、仕事の量、仕事の達成度、業務への熱意、協調性など多岐にわたっています。発達障害を持つ方は、いろいろな項目について、その名のとおり、発達のバラつきを持つ人たちです。評価項目には当然苦手な部分が反映されてきます。現在の人事考課制度ではまんべんなく良い評価を取ることが求められているので、発達障害を持つ人にとってはたいへん不利な制度になります。また、人事考課制度では、役割レベルにより指導力なども評価の項目に加わってきます。管理者になるということも発達障害を持つ人にとってはストレス度が高いことです。

　人事担当者は、Bさんが頑張った部分は適切に評価したいと人事考課制度の適用を考えていました。そして、Bさんに制度や評価項目について十分な説明を行い、Bさんも説明を聞いたうえで、「私の苦手な部分は評価が低くても構いませんので、どうぞそのまま評価してくださって結構です」と伝え、双方合意し、就業をスタートさせました。現在は正社員として経理事務の経験を積み重ねています。

Cさん（20代男性）の場合

（広汎性発達障害）

＜経歴および特性＞

新卒で就労訓練を受け、パソコンの授業なども受講。就労支援の担当者からは、軽作業など判断を伴わない明確な仕事が好ましいと報告されていた。計算や集中して聞くこと、じっと座っていることを苦手とし、長時間デスクに座っての作業が特性に合わない。

＜アドバイス＞

Cさんの場合は初めての就労だったため、徹底して特性に合う仕事を探した結果、ある企業のメール室での郵便の仕分け・搬送業務を紹介しました。大手企業に届く郵便物の量は多く、郵便物管理業務は総務部門の仕事となっています。Cさんは計算を苦手としていますが、字を読むことには問題ありませんでした。

＜採用試験＞面接2回

面接では仕事以外の行動についても細かく質問されました。たとえば、自分が納得していないことで怒られた場合はどう行動するか、仕事で分からないことがあったとき、直属の上司がいなかったらどうするか、そのほかパワハラやセクハラ、社内恋愛に関することまで、人事担当者は社内で起こる可能性のあるさまざまな状況を想定し、採用面接時に質問しています。Cさんは就職活動をするにあたり、会社生活でしてはいけないこと、しなければいけないことをまとめて事前に準備をして

いたので、面接の質問には落ち着いて答えることができました。

＜キャリアアドバイザーからの一言＞
　人事担当者の質問は、学校生活に関することから「仕事で分からないことがあったとき、いつも仕事を教えてくれる人がいなかったら、あなたはどうしますか？」という仮定の質問まで、多岐にわたりました。まず学校生活について、「学校で喧嘩をしたことがありますか？」と聞きました。Ｃさんは素直な性格のため、聞かれたら隠しておくことはできません。「一度、同級生に、僕は悪くないのに悪く言われて頭にきたことがありました」と答えました。「では、頭にきたとき、Ｃさんはどうされたのですか？」というさらなる問いに、「学校で習ったとおり、トイレに行って顔を洗い、気持ちを落ち着けました」と返答しました。Ｃさんの所属する就労支援機関では社会性を身につけるために、さまざまなケースをパターン化し、その場面に合わせて行動できるための練習を積んでいました。Ｃさんは学校生活での人間関係からその他のセクハラやパワハラに至るまで、難しい質問に、学んだことを元にすべて答えられたのです。

　ビジネスマナー練習や面接練習など、練習の中で対応できる人は多くても、それでビジネスマナーが身についたとはいえません。とっさのときに学んだ通りにできる人はなかなか少ないものです。しかしＣさんは、社会のルールを何度も繰り返し学び、練習することで、しっかり身に付けることができるということを証明してくれました。

　職場のルールとビジネスマナーを理解できていることは、職場での業務遂行と良好な人間関係の維持のために絶対に必要です。Ｃさんのように社会のルールを身に付けていることは今後の社会生活における大きな強みです。

Dさん（30代男性）の場合
（アスペルガー症候群）

＜経歴および特性＞
　販売などの接客・サービス業の職種で数社を経験。事務職への応募を希望し、職業訓練を受講してパソコン操作のスキルアップ後、ハローワーク求人を中心に就職活動をする。職業訓練で事務処理能力は一定の評価を得ているものの、仕事の優先順位をつけることを苦手とする。

＜アドバイス＞
　Dさんは、未経験ながらも事務職の仕事を希望していました。ハローワーク経由ですでに2社応募しており、その求人内容を見ると、うち1社は明らかに経理の経験が求められていたので、その2社を避け、ある企業の一般事務の仕事をすすめました。その求人がトライアル雇用併用（p.83参照）であること、Dさんが以前経験したことのある編集やDTPの知識が活かせそうだったことからです。Dさんも経験が少しでも活かせると考え、この求人への応募の意思を強くしました。
　さらに、Dさんの依頼により、志望動機や前職の退職理由など、面接で想定される質問やそれに対してどのように答えたらよいかといった面接練習も行いました。Dさんは当初、とても細かいセリフの書かれた原稿を用意し、棒読みをするような状況でした。一字一句にとらわれると、言いたいことさえ伝えられなくなってしまいます。そこでDさんには、「想定した通りの質問でなかった場合、逆にどう答えていいか分からなくなって、頭の中が真っ白になってしまうケースとなりかねません。準

備はメモ程度にとどめ、ご自身の志望動機やアピールしたいことを前向きに自分の言葉で表現する練習をしてみてください」とアドバイスしました。Dさんは、「面接までまだ1週間ありますので、言われたことを忘れずにしっかり練習します」と答えました。

＜面接試験＞面接2回
　1回目の面接の直後に本人より電話があり、面接練習で行ったとおりの質問が出たそうです。Dさんも面接についてはかなりの手ごたえを感じているようでした。2回目の面接を経て、見事内定が決まりました。面接成功のポイントは、Dさんにはなんとしてでも就職したいという「強い思い」があったことです。面接に合格するためには、その会社に入りたいという気持ちを表し、その気持ちが採用担当者に伝わらなければなりません。Dさんの気持ちが通じたのだと思います。

＜キャリアアドバイザーからの一言＞
　Dさんは、ハローワークの求人に応募するために相談に来たので、側面からのサポートが中心となりました。
　テスコ・プレミアムサーチが最も強みとしているのが、応募先企業の絞込みに関するサポートです。今回のDさんのケースのように、たくさんの障害者求人から応募したい企業をいくつか選んでもらい、絞り込んだ数社の求人に対して担当コンサルタントから仕事内容に関する情報提供や求職者の方の適性についてのアドバイスをする場合もあります。人材紹介会社は多数の企業の採用に関する情報を保有しているため、個人では得られないさまざまな情報を提供することもできます。就職活動においては、ハローワークに加えて、いろいろなチャネルを活用することにより、就職の可能性が高まります。

Eさん（30代女性）の場合
（広汎性発達障害）

＜経歴と特性＞
　卒業後、行政機関の正規職員として数年間勤務する。その後、派遣社員として複数の企業にて10年以上の一般就労を経験。前職にて、仕事の覚えが悪くミスが多いと周囲に指摘され、注意して仕事に取り組むが改善されないなどの事象が続き、自分自身でも不安を抱えて病院を受診。広汎性発達障害と診断を受ける。手帳を取得した後は、障害者枠での就職活動を始める。

＜アドバイス＞
　Eさんはパソコンスキルが高く、どこの職場でも重宝されてきました。新しいことをなかなか覚えられないという特性はありながらも、これまで仕事のブランクもなく就業してきていたので、仕事内容の問題は特にありませんでした。Eさんの希望の条件は、ノルマやスピードの求められない職場、社員の平均年齢は若すぎず、ベンチャー企業でないこと、ということでした。
　そこで私たちがすすめたのが、歴史のある組織の成熟した企業です。前職では比較的新しい会社に勤め、若い社員が多い環境でうまくいかなかったということから、ゆったりした環境さえ用意できれば、Eさんは高いパソコンスキルを活用して安心して働けると考えたのです。Eさんからは「卒業後、初めて勤務した法人の雰囲気とよく似ています。この法人ではとてもうまく仕事ができていたので、ぜひその会社を紹介して

ください」という反応が返ってきました。

＜採用試験＞面接2回
　面接官である人事および配属部署の方はいずれも、発達障害に関しての知識はありませんでした。しかし、Eさんのおっとりした人柄と安定して長く仕事を続けてきた実績が高く評価され、就職が決定しました。

＜キャリアアドバイザーからの一言＞
　Eさんの場合、企業の人事担当者が静かな落ち着いた環境でスピードを求められない仕事につけるよう、配属部署を考慮してくれました。
　テスコ・プレミアムサーチでは登録者の方が就業を開始した後もさまざまな形でフォローしています。就業開始1ヵ月後に、担当のキャリアアドバイザーがEさんと面談をしました。Eさんは、「この会社では私の障害はまったく気になりません。現在の仕事の量は私のペースに合っていますし、仕事中に私が迷ったり困っていることがあると、その様子に気付いて"どうしたの？"、"分からないことがあったら質問してくださいね"と周囲の方が声をかけてくれます。もう1回聞いてよいかどうかを心配することもなく、安心して仕事をしています。おかげでミスをすることもなく、仕事への自信も取り戻せてきたようです」と話してくれました。
　Eさんはかつて、自分は周りの人とは何かが違うとずっと思い悩み、周りと同じようにできない自分を責めていたそうです。前職では、職場環境が合わず、自信もなくしかけていました。しかし、今回の転職をきっかけに、自分に適した環境と仕事を見つけ、現在の職場で大いに活躍しています。発達障害を持つ方にとって、自分の適性に合った仕事を見つけることがいかに重要であるかを認識させてくれる事例です。

知的障害を持つ方の活躍

近年、企業での知的障害を持つ方（療育手帳を取得している方）の雇用が進んできました。企業における障害者雇用は障害者手帳の種類別に報告がされているので、内訳を知ることはできませんが、この中には知能の発達に遅れのある方に加え、言語や社会性の発達に遅れのある方も含まれていると思われます。知的障害を持つ方は現場における軽作業にとどまらず、企業のさまざまな職場で活躍するようになってきました。社会で活躍している方の仕事内容を知ることは、今後の就職活動において、自分に合った仕事のイメージを持つきっかけとしても重要です。知的障害を持つ方を多く雇用していることで有名な企業とその仕事内容の事例をいくつか紹介します。

✓ スワンベーカリー

「障害のある人もない人も共に働き、共に生きていく社会の実現」
（故小倉昌男会長）

このノーマライゼーションの理念を実現するために現ヤマトホールディングスの故小倉会長がヤマト福祉財団とともにスワンベーカリーを設立。1998年6月にスワンベーカリー銀座店が第1号店としてオープンし、現在各地に直営店4店、チェーン店24店を展開しています。働いている障害者の数は全店で350名を超え、その7割以上が知的障害を持つ方です。パンの製造・販売、コーヒーの販売から接客まで、さまざまな業務でいきいきと働き、活躍しています。

日本理化学工業株式会社

「障害者の方々がほめられ、役立ち、必要とされる職場をつくりたい」（大山泰弘会長）

　1960年より知的障害者雇用に取り組み、「障害者と社会をジョイントする」という経営方針を貫き、全国初の心身障害者多数雇用モデル工場第1号となった会社。現在、北海道美唄にも工場があり、ダストレスチョーク（粉の出ないチョーク）を製造しています。モデル工場となった2つの工場では、従業員の約7割が知的障害を持つ方（うち5割以上が重度知的障害者）です。この工場では知的障害を持っていても、一生懸命働くことによってある程度のレベルに達したらリーダーとなります。そして、新しく入った後輩に仕事を教える立場になるのです。目標を持って働くことで、社員のモチベーションも高まるそうです。

ファーストリテイリング株式会社（ユニクロ）

「障害者が参画して頑張っている様子を目の当たりにして、健常者がもっと頑張らなければと思うようになり、社内の活性化が促進されている」（柳井正会長）

　同社では2001年より「1店舗1名以上障害を持った方を雇用する」を目標に障害者雇用をスタート。2010年現在、約750店舗の9割の店舗で障害を持つ方が働いており、身体障害・精神障害・知的障害の3障害の中では知的障害を持つ方が一番多く、約7割を占めるそうです。

　知的障害を持つ方は、段ボールで入荷した商品を一点一点ビニール袋から取り出し、商品の種類別、サイズ別、色別に並べ直す作業や、店舗のオープン前の清掃作業など、貴重な裏方役として働いています。

仕事内容

　知的障害を持つ方の雇用は長い間、比較的規模の小さい家庭的な雰囲気を持つ製造業などを中心に進められてきました。しかし近年、私が見たり聞いたり、また実際に求職者の方を紹介した企業は、比較的規模の大きい企業ばかりとなっています。今後もこのような中～大規模の企業での採用が見込まれるため、仕事内容を例として紹介します。

表1　仕事内容例

店舗で	● ファストフード店…店舗清掃、ポテトなどの調理担当 ● レストラン…店舗清掃、皿洗い、サラダ盛り付け ● 企業内売店…接客、商品受け渡し、商品補充、清掃 ● 喫茶店…事業所内店舗での接客、飲物のサービス
工場・物流センターで	● 工場…品出し、氷詰め、配送品運搬、キャンディー袋詰、加工食品仕上げ、箱折り、箱詰め、テープ止め、シール貼り、出荷、不良商品の処理、検品業務、パレット（物流などで使う荷物を載せるすのこ）の洗浄、梱包済の荷物を所定の場所へ運ぶ ● 靴メーカー…値札つけ ● アパレル…箱の組立、出荷分をバーコードで読取り、PCに入力 ● 通販物流…ピッキング（物流での仕分け作業、注文のあった品物を棚から選んで取り出す） ● 印刷…大量のDM用の用紙を機械にセット
グリーンビジネスで	● オフィスの観葉植物のメンテナンス…水をやる、枯れた葉をとる ● 営繕…事業所内植木の手入れ ● 植物の栽培、農作物の栽培

食品関連サービスで	● クッキー・パン製造（特例子会社のノベルティ製品） ● 弁当の盛り付け、惣菜のパック
清掃サービスで	● ビル清掃…自在ほうき、モップ、雑巾、ポリッシャーを使っての清掃
オフィスで	● 郵便物の仕分け、搬送 ● ダイレクトメールの同封物作成・封入・封緘・集計・発送 ● 名刺作成、製本、印刷・コピー、シュレッダー業務、スキャニング業務 ● データ入力、ファイリング、伝票入力、包装、データ修正業務 ● 電話取次ぎ、備品発注、社内文書・会議用資料のコピーなど ● テープ起こし…イベント、講演内容の原稿作成
その他	● クリーニング（制服、リネンの仕上げ、たたみ、包装） ● 介護ホーム（清掃、洗濯、洗濯物のたたみ、配膳） ● 食品トレイのリサイクル

　以上、簡単な仕事に思えるかもしれませんが、定められた勤務時間の間、飽きたり嫌になったりすることなく、モチベーションを落とさずに続けられることが大事です。また、仕事をして報酬を得るのですから、正確性とスピードが求められます。初めは仕事を教えてくれる人がいますが、仕事に慣れてきたら、自分一人で担当の仕事を全部こなせるようになり、さらに自分自身が成長していかなくてはなりません。新しく入ってきた後輩に仕事を教えることができるようになったら一人前です。社会人として、職業人として、それぞれの目標を持ち、その目標に向かって成長することが期待されています。

特例子会社という選択肢

石井京子

「特例子会社」という言葉を聞いたことがありますか？ 特例子会社とは民間企業の中に雇用率制度の特例措置として設立された、障害者の雇用に特別に配慮している子会社のことです。大手企業には多くのグループ会社があるので、特例子会社によってグループ全体に雇用率制度を適用する「グループ適用」を用いることができます。平成28年5月末日現在、特例子会社は全国に448社、東京に138社あります。

◎ 特例子会社に就職するメリット

　求職者側からみると、特例子会社には障害に理解のある管理者がいるので、きめ細かな雇用管理が行われ、安定した環境で就業できることが一番のメリットです。さらに、障害者雇用のために設立した会社なので定型化された業務が用意されています。特性に適した仕事が安定して供給されるため、長期雇用につながります。特例子会社を設立するのは大手企業が多いので、大手企業のグループ会社の一員として身分と労働条件も安定しています。そのうえ、特例子会社には障害を持つ社員が多数就業しているので、チームで働くことにより仲間意識をもつことができるということも挙げられるでしょう。

◎ 企業側の目的

　第一に、コンプライアンスに基づいた雇用率の算定を目的としています。企業は法定雇用率を達成することにより、障害者雇用納付金を回避することができます。第二にCSR（企業の社会的責任）が挙げ

られます。CSRの向上に努め、企業のイメージアップを図るためです。雇用率が低く、行政指導を受けている企業は、特例子会社を設立して障害を持つ社員を多数雇用することにより、未達成企業名公表のリスクを回避することができます。

　また、特例子会社として親会社とは別の組織にすることにより、障害を持つ社員が働きやすい環境を確保できます。ハード面ではバリアフリーの環境や設備を整えることができ、ソフト面では勤務時間や勤務形態など就業規定に柔軟性を持たせたり、障害に関する知識を持った管理者をおくことなどが可能となり、障害を持つ社員を受け入れやすくなります。

◎ 特例子会社の事業内容

　以前は、特例子会社では知的障害を持つ方の採用が多く、軽作業を中心に清掃業務や印刷業務などに従事していました。しかし最近では、事務系のサービスを中心とする特例子会社も出てきており、特例子会社で活躍する発達障害の方も増えてきています。特例子会社も、一つの会社という組織です。会社としての売上を確保しなければなりません。そのために親会社からさまざまな業務を請け負い、給与計算から経理代行、グループ会社の名刺作成やデータ入力、書類・文書の封入発送業務から保険代理店業務まで事業内容が広がってきています。また、従業員数200名規模の特例子会社もあるので、企業として、人事・総務から経理に至るまでさまざまな部署があります。つまり、一般企業と同じ管理業務が行われているわけです。

　このように、安定した環境でさまざまな業務に携わる可能性があるとしたら、選択肢の一つにしてみるのも悪くないのではないでしょうか？　特例子会社の求人はハローワーク障害者就職面接会などで探すことができます。

第7章

働き始めてからのポイント

トラブルの時は

仕事の指示が分からなかったら

　どんなに優秀な人でも、初めから上司の指示を完璧に理解できる人はいないと思います。入社して最初の頃は、指導する人の指示が分からなくても当たり前です。大切なことは、「分からない時に分からないことを自分から聞く」ということです。仕事について分からないまま、じっと指示を待ったり、自分で推測して「多分こういうことだろう」と勝手に処理をしてしまってはいけません。指示命令者にきちんと確認してから仕事を進める、というステップが必要です。
　作業の手順が文字情報や図になっていた方が理解しやすい人は、自分で業務の流れをメモにしてみる、もしくはそれが難しい方は、上司に作成をお願いしてみましょう。

ミスをして叱られたら

　上司や同僚から叱られたとき、注意されたときは、自分のミスを真摯に受け止める姿勢が必要です。注意している人の顔を真っ直ぐに見て、相手の言葉は最後まで聞きましょう。きちんと返事をして、「申し訳ありませんでした。これからは気をつけます」と自分からはっきり謝罪の言葉を伝えることも大切です。
　最初は誰でも仕事上のミスをすることがあります。ついうっかり同じ間違いを繰り返してしまうこともあるでしょう。大事なのは、いかに2

回目、3回目のミスを起こさないように気をつけるかです。注意されたことをしっかり受け止め、確認して、次回修正することが、あなたの成長と評価につながります。注意された理由が分からないときは、後で職場の話しやすい人に相談して、注意された理由を確認しておきましょう。

　注意する人は、直してもらいたい、早く一人前になって活躍してほしい、つまりあなたに成長してほしいと思って注意してくれているのだということを理解しましょう。叱られることは決して楽しいことではありませんが、叱られて分かること、叱られて気付くことはたくさんあると思います。たくさんの事を学ぶきっかけにしていきましょう。

パニックになりそうなときは

　叱られた時、不快感が先にたったり、不安でどうしてよいか分からなくなったり、パニックを起こすこともあるかもしれません。そんなときのために、気持ちを切り替える自分なりの方法を見つけておくとよいでしょう。同様のときに、他の人はどのように対処しているかという例を示します。

【対処方法の例】
怒鳴り声や大きな声を聞くと不安でどうしたらよいか分からなくなる
　➡席を外すことを断ってから、トイレに行き冷たい水で顔を洗う。
　➡常に冷たいミネラルウォーターを携帯しておき、水を飲む。
集中しているときに突然電話が鳴ったり、声をかけられたりするとパニック状態になる
　➡電話機の着信音のボリュームを下げておく。

コミュニケーションで困ったら

　発達障害を持つ人の多くは、人との関わり方において何らかの困難を抱えています。話の切り出し方、会話を遮るタイミング、失言癖などで困っているという話も耳にします。本項では、社会における他者との関係において、発達障害の方の顕著な特性とその対処法を紹介します。

＜コミュニケーション全般＞
　「指示代名詞（あれ、それ、これ）で指示されると理解できない」、「不明確な表現を理解できない」といったコミュニケーション上の問題を抱えている方が多いようです。相手が言っていることが分からないときは、適切な時に相手に不明点を確認するようにしましょう。また、仕事の指示はなるべく文書でもらうなどの工夫をしましょう。

＜視線を合わせられない＞
　「視線を合わせられないので、話を聞いていないように思われる」といった声も聞かれます。相手が男性であればネクタイのあたり、相手が女性であれば髪のあたりに視線を合わせるとよいでしょう。ただし、あまりじろじろ見られても見つめられた人は居心地が悪いと感じるものなので、注意してください。

＜雑談ができない＞
　特に受動的なタイプの方に、「職場の飲み会や食事会などで、周囲の輪に入っておしゃべりができない」、「雑談にうまく対応できない」と悩

んでいる方が多いようです。自分が思うほど、周りの人は意外に気にしていないものです。飲み会などでは聞き役に徹しましょう。はじめに雑談が苦手なことを職場の人に伝えておくと、周囲から話し掛けてもらえると思います。返事は誠実な受け答えで充分です。

＜他の人の考えを理解しにくい＞

「いつも自分だけ延々と話し続けてしまうので、最初は聞いてくれていた人もある時から聞いてくれなくなってしまった」、「先輩の担当した部分のミスばかり見つけ、雰囲気が悪くなってしまった」というように、発達障害を持つ方には、他者の態度や表情を読み取りにくいという特性により生じる問題があります。

起きてしまったことは仕方がないので、反省した部分は次回から気をつけるようにしましょう。いろいろなシチュエーションにおいて学んだことは必ずメモを取り、いつでも取り出して確認できるようにしておきましょう。経験を繰り返すことにより学んでいくことができます。

＜怒られていることに気づきにくい＞

相手の表情やジェスチャーから感情を読み取ることが苦手な方は、自分が怒られていることにも気づきにくいといわれます。そのような方は、周囲の人をよく観察し、どんな時に叱られているか、また上司が叱る時の状況をしっかり観察し、知識として理解しておきましょう。

人により怒り方はさまざまです。怒っていることが表情に出る人もいれば、話し方は優しくても厳しい内容を伝える人もいます。その時に自分が怒られていることが理解できなくても、後になって自分は怒られていたと気付いたら、周囲の人に確認し、どんなことで怒られたかを思い起こしてみて、次回以降につなげましょう。

職場の困りごと

　発達障害を持つ方のなかには、状況に応じた臨機応変な対応のほかに、字を書くことや手先の細かい作業を苦手とする人がいます。ここでは、就業経験がある方に、職場で困ったこととその解決法を聞いています。これから就職する方も、実際に社会に出たときに同じような状況に直面するかもしれません。そのようなときには、先輩方の対処法をぜひ参考にしてください。

苦手なこと

文字を上手に書くことができない／誤字・脱字が多い
　➡ 極力パソコンを利用する。
　➡ 宛名書きは、宛名部分をくり抜いたシートを使って練習した。

メモを書いても、あとで読めない／どこに書いたか探せない
　➡ 仕事の指示はなるべく書面で欲しいと依頼した。

不器用で細かな作業が苦手
　➡ 手先の細かい作業は苦手なことを理解してもらった。

文字を読むことが苦手
　➡ 読む行の下に定規を置いて読んでいる。

　それぞれ苦手な部分を工夫していると思います。仕事上で困ることがあったら、一人で抱えていないで周囲の人に相談してみましょう。何か知恵を授けてもらえるかもしれません。

全体の把握

全体の流れがつかめない
→ 仕事の全体の流れを図や文書でもらえるよう依頼した。

何を優先すべきか判断できない／複数の指示をもらうと混乱する
→ 自分で勝手に判断せず、上司に質問するようにした。
→ 一つずつ指示を出してもらうよう依頼した。

全体が把握できないときは、上司や先輩に聞きましょう。分からないままにしておいてはいけません。指示してもらったら、必ずメモを取り、また同じようなケースが起こった際に見返して参考にしましょう。

臨機応変な対応

指示されたことしかできない
→ 一度習ったことは必ずメモして次に役立てるよう努力している。

同時に2つ以上のことをやろうとすると混乱する
→ あらかじめ周囲の方には特性を伝えておいた。混乱したときには指示命令者に尋ねてどちらを先に処理すべきか指示してもらった。

暗黙のルールが分からない 例：会議の時には事前に若い社員が椅子を並べるということが分からなかった／大掃除の時に汚れてもよいような服装で出社するようにと言われたので言葉通りに受け取り、一人だけトレーナーにジーンズという服装で出社してしまった。

極力自分から「何か準備することがありますか？」と聞いたり、「皆さんどんな服装をされるのですか？」と尋ね、事前に情報収集をしましょう。職場や同期の中に何でも相談できる方を作っておくとよいでしょう。

✓ 電話対応

社外からかかってきた電話にどのように対応してよいか分からない
　→ 社外からの電話は受けなくてよいよう、配慮を依頼した。
　→ 問合せへの対応はなるべくメールで済ませる。

　電話対応の苦手な方は社外からの電話は極力配慮をお願いしましょう。社内の電話であれば取次ぎ程度から始めてみましょう。

✓ 集中について

一つのことに集中して周りが見えない　例：来社したお客様に迅速に対応しようと受付に突進し、ゴミ箱を蹴飛ばしても気付かなかった。
　→ 行動を起こす前に周囲を見渡すように心がけている。
長時間集中しすぎることにより、疲れてミスを頻発する
　→ 携帯電話のタイマーを１時間置きにセットして、アラーム（マナーモード）が鳴ったらトイレに行く、水を飲みに行くなどして、休息を取るように心がけている。
集中しすぎる（話にうなずきもせず聞いている）ため、話を聞いていないように思われる
　→ 時々メモをとる（ふりをした）方が良いと分かった。

　自分で意識していなくても、長時間集中していると疲れがたまり、体調不良にもつながりかねません。時間を忘れて仕事に集中してしまう人は、意識的に休憩を取るようにしてください。自分でブレーキがかけられないようなら、上の例のように、タイマーをセットしておいて、アラームが鳴ったら仕事を中断するなど、自分の中の決めごとを作るのもいい方法です。

上司との関係

　物を置く場所まで細かく注意されてストレスがたまった、何を注意されているかが分からず、ストレスで過呼吸になった、などと上司との関係に悩む方が多いようです。

　上司との関係はケースバイケースです。一概に解決方法を見つけることは難しいかもしれませんが、ストレスをため込む前に、周囲の話しやすい方に相談してみましょう。自分の気持ちを誰かに聞いてもらうだけでもストレスは軽減されます。また、第三者の視点でアドバイスをしてもらうと、自分では見えていなかった解決方法の糸口が見つかる場合もあります。

変化への対応

業務の運用方法の変更に対応できない
　➡ 職場で相談できる人をつくり、分からないことをその都度教えてもらった。

派遣就労で短期間のユーザー先への派遣を繰り返した。環境になじむのに時間がかかり、気持ちが安定しなかった
　➡ 勤務先が固定している仕事を探した。

残業が多く、帰宅時間が見込めず、不安とストレスがたまった
　➡ 結局その仕事は辞めた。残業の少ない仕事を探して求職活動中。

　発達障害を持つ方が安定して就労するためには、固定の場所で定型業務に従事することが望ましいと思います。仕事を探すときには就業場所や勤務形態などについても充分に確認しましょう。

感覚過敏への対応の仕方

　発達障害を持つ方は、何らかの感覚過敏を持っている人が多いといわれています。一人ひとりの感覚は異なるため、感覚過敏を抑えるためにそれぞれが工夫を凝らしているようです。ここでは実際に社会に出て就業経験を持つ方に、感覚過敏との付き合い方や工夫していることを聞いています。先輩方の事例は、これから初めて就職する方にもきっと役立つことでしょう。

聴覚処理への対処法

【聴覚過敏】ガヤガヤしている場所が苦手
　➡ 集中が必要な時には耳栓を利用している。

【聞きとりが苦手】口頭で聞いた言葉を理解するのが困難
　➡ 言われたことを聞こえたとおりにメモする。
　➡ 自分でもメモを取るよう努力するが、文字を書くこと自体苦手なので、仕事の指示はできるだけ文書でもらえるよう依頼した。

　音の聞こえの調節については耳栓、ヘッドホン、電話の着信音はボリュームを下げるなど個々に工夫していると思います。口頭で聞いた内容は自分でできるだけ文字情報に残しましょう。仕事の指示もできる限り文字情報でもらいましょう。

　健康であれば多少の聴覚過敏があったとしても我慢することができます。疲れがたまらないよう、日々の体調管理に気をつけましょう。

視覚過敏への対処法

明るすぎる場所が苦手
　➡ 薄い着色の眼鏡の着用を認めてもらった。
パソコン画面が明る過ぎると疲れやすい
　➡ パソコン画面の輝度（明るさの度合い）を調整する。
　➡ PCフィルターを使用し、画面のまぶしさを抑えている。
　➡ あらかじめ上司の了解を取ったうえでサングラスを着用した。
パソコン画面の色により浮き出して見えてしまう
　➡ パソコン画面のコントラストを変更することを承諾してもらった。

　視覚に過敏さを持っている場合、白字に黒の活字だとコントラストが強すぎて読みにくいと感じる方もいるかもしれません。

　また、オフィスで就業する場合は、蛍光灯のちらつきや明るさのコントラストなどで気が散る方は多いと思います。照明や窓の位置なども考慮に入れて座席を決めてもらうなど、会社に配慮をお願いするのも一つの対処法です。

身体感覚への対処法

【運動面の問題】姿勢が悪い／疲れやすい
　➡ 休み時間に十分休息をとる。睡眠時間をたっぷりとる。
【不器用さ】
字を書くのが苦手
　➡ 筆記にはパソコンを利用する。
定規でうまく線が引けない
　➡ 滑り止めのついた定規など、工夫した文房具を使う。

【過敏さ】

暑さに弱い
　➡暑い季節は出勤以外の外出を極力控え、体力を温存している。

寒さに弱い
　➡ワイシャツの下に下着を何枚も重ね着している。

辛いもの、熱いものが食べられない／熱いものを持てない
　➡食べる前に刺激物が入っていないか確かめてから食べる。
　➡熱いものは冷ましてから食べる。

ネクタイを締めるのが苦手
　➡オフィスカジュアルで問題のない業界を選択した。

身体を締めつけられる服装が苦手
　➡服装の自由が許される職場を選んでいる。
　➡普段はワンピースなどウエストを締めつけない服を着ている。タイトスカートはウエストを締めつけられるので、面接のときはリクルートスーツではなく、ワンピースとその上にジャケットまたはブレザーを着用した。

洋服についているラベルのチクチクした感触が苦手
　➡ラベルは必ず切り取って着用する。
　➡なるべく着慣れた服を着る。

　このように、それぞれに感覚過敏を持っているようです。とくに服装に関しては、次項で述べるとおり、ビジネスシーンにおける大切な要素の一つです。業界によって求められるドレスコードも異なるため、求人への応募を検討する段階から応募先企業で求められる服装について考慮しておく必要があります。また、制服のある職場の場合も、出勤時にどんな服装がよいか確認しておくとよいでしょう。

ビジネスシーンにおける身だしなみ

髪を短くすることを嫌い、髪が目と耳までかかっている
➡ 面接で相手に好印象を持ってもらうためにどんな髪型がふさわしいかを考え、自分で納得したうえで、妥協できる長さに整えた。

職場にふさわしくない服装をして出勤し注意された
(レース素材の透けるブラウス、極端に丈の短いミニスカートなど)
➡ 通勤にはジャケット着用など、あらかじめ着る洋服を数パターン決めておくようにした。

着るものの組み合わせを考えられない
➡ 組み合わせを考えなくてよいように、あらかじめ誰かに組み合わせを決めてもらい、着るものはセットにしておく。

髪が寝起きのように乱れていても気付かない
➡ 鏡を見る習慣をつけた。

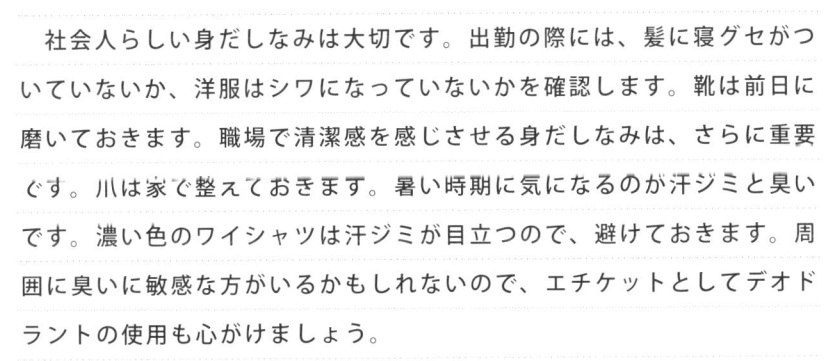

　社会人らしい身だしなみは大切です。出勤の際には、髪に寝グセがついていないか、洋服はシワになっていないかを確認します。靴は前日に磨いておきます。職場で清潔感を感じさせる身だしなみは、さらに重要です。爪は家で整えておきます。暑い時期に気になるのが汗ジミと臭いです。濃い色のワイシャツは汗ジミが目立つので、避けておきます。周囲に臭いに敏感な方がいるかもしれないので、エチケットとしてデオドラントの使用も心がけましょう。

　社会人として必携の持ち物は筆記用具、スケジュール帳、身分証明書、名刺、印鑑などです。カバンの中の常に決まった場所に携帯しましょう。

社会生活をスムーズに送るためのスキル

　社会人としてバランスのとれた生活を送るためには、「働くこと」「自立して生活すること」「趣味など自分の時間を楽しむこと」が揃っていることが必要です。就労を開始すると、毎日決まった時間に起きて遅刻しないで会社に通えることが求められます。朝起きてから歯を磨き、顔を洗って、朝食をとり、着替えをして家を出るという動作は、当然自分で行えなくてはなりません。また、充実した生活を送るためには、仕事以外にも趣味を持ち楽しむこと、仕事と余暇を上手に切り替えることが望ましいと思います。この3つをバランスよく行えることで、生活を安定して送れるようになり、長期に安定した就労が可能となります。
　また、以下の条件が整っている必要があります。

＜就労のための条件＞
- フルタイムで週5日働くことができること
- 定刻に通勤できること。遅刻する場合は事前に連絡できること
- 職場のルールに従えること
- 仕事の指示を理解できること
- 自分の言いたい事を伝えられること

＜会社で働くための条件＞
- あいさつ、返事、礼儀正しい言葉づかいができること
- 報告、連絡、相談ができること
- 謝ることができること

✓ 叱られたら、とりあえず謝る

　発達障害を持つ方は、叱られたときにうまく対応することができない傾向があります。なかには、大きな声で怒られると、不安からパニックやフラッシュバックを起こしてしまう人もいます。

　そのような特性を持つ方が職場で叱られたときには、「とりあえず謝って、次の行動に移る」というのが職場でうまくやっていくための対応の一つです。もちろん、叱られた理由を後でしっかり確認して次回に備えることも大事です。「その場で謝ることができるか」、「気持ちをすぐに切り替えて次の行動に移せるか」など、ハードルが高いと思う人もいると思いますが、それぞれの場面でその対応法を知識として蓄積していくことは可能なはずです。対応方法のパターンを増やして、うまく対応できるようになりましょう。

✓ 分からないままに返事をしない

　発達障害を持つ方は、言われたことを理解しないまま、空返事をしてしまうことがあります。言われたことが分からないときには、「分かりません」と伝えることは非常に重要です。理解しないままに仕事を進めミスをすると、仕事を要求水準までこなせない人という評価になってしまいます。特に言語能力に遅れのない方の場合は「言い訳ばかりして」と思われがちです。複数の事を同時に進行するのが苦手であること、仕事の流れを読めないという発達障害の特性は、まだ世間に十分理解されているとはいえません。日々の業務の中で、適切なタイミングで、できるだけ丁寧な言葉で、「このやり方で合っていますか？」などと自ら確認するよう努力しましょう。

✓ 必要な時には助けを求める

　職場ではいろいろな人との関わりが出てきます。発達障害を持つ方の中には、社交経験が少ないためにどのように対応してよいか分からなかったり、自分の発言が相手にどう受け取られるかを考えずに話してしまい、誤解されて、周囲の人と壁ができてしまった経験を持つ方も少なからずいるのではないかと思います。また逆に「分からなかったら何でも聞いてね」と言われても、何を聞いていいか分からないという状況も発生するでしょう。そのような時に自分の気持ちを伝えられる人を作っておくことはとても大切です。困ったら自分だけで考えていないで、信頼できる人に相談してみましょう。職場の中に相談できる人がいればベストですが、外部の方でも構いません。ただし、外部の方に相談する場合はくれぐれも会社の機密情報や内部情報等には触れないように注意しましょう。

✓ 社会経験の少なさを補う

　学生時代を孤立して過ごしてきた方の場合、就労という場面でいきなり他人と関わることは想像以上に労力を必要とします。どのような方法であれ、失敗をしても構わない環境で事前に練習しておくことが必要です。地域障害者職業センターでは、ハローワーク、発達障害者支援センターとの連帯の下で対象者を決定し、専門的な支援として発達障害者就労支援カリキュラム（12週間）を提供しています。そこでは、問題解決技法や対人技法を習得し、事業所での体験実習を受けることができます。また、発達障害者の就労世代の当事者の会などもあるので、そのような会でお互いに抱えている問題を話し合うのもよいと思います。

休憩時間の過ごし方も決めておく

　働き始めると、1日の大半を職場で過ごすことになります。しかしながら、発達障害を持つ方の中には休憩時間をどう過ごしてよいか分からず、職場の人たちの輪にも入れずに居心地の悪い思いをしている方も少なからずいるようです。一人前の社会人として、休憩時間をどのように過ごしたらいいのでしょうか？

　休憩時間を過ごす方法はいろいろあります。イヤホンで音楽を聴いたり、語学の勉強をしたり、携帯のメールをチェックしたり、静かに本を読むのもよいでしょう。ただし、周りの方はあなたがどんな本を読んでいるか気になるものです。職場では小説や話題になっている本など、あまりマニアックでない、一般的なものを読むことをおすすめします。

　そのほか、私が知っているアスペルガー症候群の方のなかには、休憩時間ばかりか、朝起きてから寝るまでの1日のスケジュールを立て、そのスケジュール通りに行動している方がいます。昼休みに何をするかも決めてスケジュール化しているので、昼休みはその予定の通りに行動すればいいということになります。休憩時間に何をしていいか分からないという人は、このように1日のスケジュールを決めてしまうのも一つの方法です。

　ただし、ここで注意すべきことは、休憩時間は基本的には身体を休めるための時間であるということです。頭をすっきりさせて、休憩後の仕事に臨むことが第一の目的です。また、休憩時間をどのように過ごすかは基本的には個人の自由ですが、職場では私用での電話や私用目的でインターネットを利用しないというのがマナーです。そのほか、会社や部署によって決まりごと（昼休みの交替シフトや電話番など）がある場合もあります。

職場の人間関係のための基本的なこと

あいさつ

　社会人にとって、あいさつは基本中の基本です。朝の出勤時には「おはようございます」とあいさつしましょう。目上の方には下の者から先にあいさつをするのが基本です。室内に大勢の方がいて、誰にあいさつをしていいか分らないときは、部屋に入るとき、あるいは職場のチームの人たちに対してあいさつしましょう。

　また、社内で社員とすれ違うときは「お疲れさまです」と言ってすれ違いましょう（目上の人が目下の人をねぎらうために使う「ご苦労さま」というフレーズはけっして使わないようにしてください）。廊下でお客様とすれ違うときは「いらっしゃいませ」と言ってすれ違う、もしくは黙って会釈しながらすれ違えばよいですが、それぞれのオフィスの習慣に従いましょう。すれ違う際の会釈は15度の角度のお辞儀です。

退社するとき

　自分の仕事が終わっていても、周囲の人が忙しそうにしていたら、「何かお手伝いできることはありますか？」とあなたから声をかける心遣いをみせましょう。退社時は、上司にその日の仕事の完了を報告し、上司と周囲の人に「お先に失礼します」とあいさつして退社します。

　退社前には、自分の机の上の整理・整頓やパソコンの本体・ディスプレイの電源をオフにすることも忘れずに行いましょう。

欠勤などの連絡

①有給休暇の申請

　有給休暇は年度ごとに付与されます。有給休暇を取りたい日が決まったら上司に口頭で申し出て、了承が得られたら会社が指定する様式で休暇届を提出します。仕事の進捗状況や連絡が入ると予想される事柄を休暇前に引き継ぎ、緊急の要件が入った時のために、携帯電話番号など自分の連絡先も伝えておきます。出社したら「お休みをいただきありがとうございました」と上司と周囲の方に挨拶すると印象がよいでしょう。

②急な欠勤

　必ず始業時刻前に上司に連絡します。上司が不在の時は職場の方に伝言を頼みます。体調がひどく悪い時以外は本人が電話で連絡するのが基本です。「大変申し訳ありませんが…」と謝罪の言葉とともに欠勤する理由を伝えます。自分の業務で代わりに対応を依頼したい事があれば、予定と内容を伝えて処理を依頼します。出社したら、上司、職場の方に「急にお休みをいただき申し訳ありませんでした」と謝罪の言葉を伝えましょう。業務を代わりに処理してくれた方には「代わりに対応していただきありがとうございました」と感謝の意を伝えましょう。

③遅刻する時

　必ず始業時刻前に上司に連絡しましょう。上司が不在の時は職場の方に伝言を頼みます。電話の相手に謝罪と遅刻の理由を説明し、何時頃に出社できそうか伝えます。出社したら「○○の理由で遅くなりました。申し訳ありませんでした」と伝えましょう。よほどの理由がないかぎりはメールでの連絡は避け、必ず電話で用件を伝えるようにしましょう。

仕事の基本＝ホウレンソウ

　ホウレンソウとは、仕事をスムーズに進めるために必要な上司・先輩への「報告」「連絡」「相談」を略したものです。報告も連絡も相談も、ただ伝えるだけでなく、相手にきちんと理解してもらうことが肝心です。そのために、ホウレンソウはマナーに基づいて行うことが大事です。

報告

　部下は、上司から指示された仕事の経過や結果を上司に知らせなくてはなりません。結果を出すのに時間がかかるときは、途中で経過報告を行います。報告は簡潔に行うことが重要です。多忙な上司や先輩に時間を割いてもらうわけなので、「今お時間よろしいでしょうか？」と相手の都合を確認するのはビジネスマナーの基本です。急ぎでない場合は、相手の状況を見て報告をあとにするか、メールで伝えるなどの方法をとります。他人を介して報告するのは、報告とはいえません。あなたに指示をした上司に直接報告する義務があります。

　上司が忙しそうだからといって報告が遅れると、仕事に支障をきたす場合もあります。突発的なアクシデントが発生し、至急に対策を講じる必要があるなど一刻も早い判断が求められる報告や、関係者にすぐに情報を伝える必要のある内容など、自分一人で判断できないことや重要なことはすぐに上司に直接伝えましょう。特にミスをした時、トラブルになりそうな時はすぐに上司や先輩などに状況を報告しましょう。豊富な経験を持っている上司や先輩は的確な対処法を助言してくれるでしょう。

また、忙しい上司には結論を先に伝えましょう。前置きはできるだけ短く、途中の経過説明や原因・分析は、相手から求められたら詳しく話します。報告の際に注意することは、客観的な事実を正確に伝えることです。もしも個人的な意見を述べる場合は断ってから伝えましょう。

連絡

　おもに今後の仕事のスケジュールなどについて上司や関係者に簡潔に伝えます。社内での情報共有のためにも連絡は不可欠です。
　連絡は迅速に関係者全員に伝えます。その際は第三者に依頼せず、なるべく直接伝えるようにします。第三者に伝言を依頼した場合、内容が正しく伝わらなかったり、遅れて伝わったりするからです。連絡ミスのないように関係者全員に連絡したかどうかも必ず確認しましょう。

相談

　分からないことや質問したいことができたら、その都度上司や先輩に質問、相談します。最もよくないのが、自己判断で勝手に進めることです。仕事のうえで困っていることや、自分でどう対応してよいか分らない場合は、一人で抱え込まずに上司あるいは先輩に尋ねましょう。豊富な経験を持つ上司や先輩は有益なアドバイスをしてくれるはずです。相談するときは、「相談したいことがあるのですが、少しお時間をいただけますか？」と相手に自分のために割いてもらえる時間を確認してから、相談します。何に困っているのか、解決するためにはどういう選択肢があると思っているかなど、あらかじめ相談したい内容を自分なりにまとめてから相談しましょう。

第7章 働き始めてからのポイント

電話のマナー

　入社して間もない新人は、電話を受けるとき誰からの電話だろうかとドキドキするのが普通です。急にかかってきた電話には慌ててしまいがちですが、電話のそばには必ずメモ用紙と筆記具を準備して、スムーズに電話応対できるように心がけましょう。最も大切なことは相手に対する思いやりです。前向きで真摯な態度は相手にも伝わるはずです。電話応対を苦手とする方は多いと思いますが、一般知識として電話のマナーを学んでおきましょう。

明るくハキハキと

　電話応対は相手に好印象を持ってもらうことが大事です。電話に出た声が暗くてボソボソしていると相手は聞き取りにくいばかりか、会社の印象までもが悪くなってしまいます。電話の時は普段より少し高めの声で話すのがポイントです。明るく元気にハキハキと話しましょう。

伝言メモの作成

　電話の取り次ぎ相手が不在の場合は「伝言メモ」を作成します。
　「いつ（When）、どこで（Where）、誰が（Who）、何のために（Why）、何を（What）、いくつ（How many）、いくらで（How much）、どのように（How）」の5W3Hを意識しながらメモを作成します。書式化されている「伝言メモ」を使用すると、書きもらしもなく効率的です。伝言の

内容は必ず復唱して、誤りがないように相手に確認します。また、作成したメモは伝言する相手の机の上に置くだけでなく、相手が席に戻ったらメモの内容を口頭でも伝えるとよいでしょう。

✓ 電話はやさしく切る

発達障害を持つ方のなかには、自分が話し終えると一方的に電話を切る人が多いように見受けられます。電話を切る際に、相手より先にいきなりガチャンと電話を切るのは、相手に不快な印象を与えてしまいます。こちらからかけた電話であっても、相手がお客様や目上の方の場合は、相手が受話器を置いたことを確認してから電話を切ります。普段からマナーとして、電話はそっとやさしく切るよう心がけましょう。

✓ 仕事上の携帯電話のマナー

オフィスでの仕事中やお客様との打合せ中、会議中、飛行機の機内、車の運転中など、基本的には携帯電話の電源は OFF にしておくのがマナーです。言うまでもなく、仕事中は私用電話は厳禁です。また、電車やバスなどの交通機関の中では携帯電話はマナーモードに設定しましょう。もしこのような場所で、携帯電話の電源を切り忘れて携帯電話が鳴ってしまった場合は、速やかに携帯電話の電源を切ります。あるいは、「今、電車の中なので、こちらからかけ直します」と告げて、迷惑にならない場所で先方へかけなおしましょう。出勤時に電車が遅延して、出勤時刻に遅れそうな場合であっても電車の中で携帯電話を使用するのはマナー違反です。電車に乗る前に前もって電話をかけるか、電車から降りてからにしましょう。

ビジネスに適した言葉遣い

　職場でお互いの関係をスムーズにし、仕事を順調に進めていくためには、言葉遣いが大切になります。とくに社外の人と話す際には、表1に挙げた改まった表現や表4のクッション言葉を使うなどきちんと心配りすることが重要です。一人前の社会人として、ビジネスに適した言葉遣いをしっかりマスターし、ビジネスシーンで自信を持って発言ができるようにしましょう。

表1 改まった表現

日常の表現	改まった表現	日常の表現	改まった表現
僕、私	私（わたくし）	私たち	私ども
誰	どなた様	あの人	あちらの方、あちら様
今	ただ今	さっき	先ほど
あとで	のちほど	少し、ちょっと	少々
どうしますか	いかがなさいますか	いいですか	よろしいでしょうか
すみません	申し訳ございません	すみませんが	恐れ入りますが

表2 自分の呼び方・相手の呼び方

話す相手	呼ぶ対象	呼び方
社内の人	役職のある上司	名字に役職名をつけて「山田社長」「佐藤部長」
	先輩や同僚、後輩	「鈴木さん」
社外の人	先方の社員	名字に役職名をつけて「石田社長」「高橋部長」
	自社の社員	田中（呼び捨て）、部長の木下

表3 会社の呼び方

対象	利用シーン	呼び方
自社	社内で言うとき	当社、我が社、うちの会社
	社外に対して言うとき	当社、弊社、小社
得意先の会社	言葉で言うとき	御社
	文書など文字にするとき	貴社
第三者の他社		○○社さん

表4 よく使われるクッション言葉

クッション言葉	使用例
恐れ入りますが	恐れ入りますが、○○様はいらっしゃいますか？
お忙しいところ恐縮ですが	お忙しいところ恐縮ですが、少しお時間を頂いてよろしいでしょうか？
失礼ですが	失礼ですが、どちら様でいらっしゃいますか？
申し訳ございません	申し訳ございませんが、電話が遠いようです。もう一度、お願いできますか？
お手数をおかけしますが	お手数をおかけしますが、資料を1部送っていただけますか？
ご面倒ですが	ご面倒ですが、こちらの番号におかけ直しいただけますでしょうか？

　企業では、新入社員であっても、敬語や言葉遣いは当然できるもの、あるいはあらかじめ自分で学んでくるものと思っています。しかも、敬語や言葉遣いは社会人として一人前であるかどうかの判断基準の一つともなっています。入社してから先輩たちの話を聞きながら覚えればいいという人もいるかもしれませんが、何から何まで一度に覚えなければならないのは大変です。社会人として誰もが求められるビジネスマナーの一つであることを認識し、学生時代から敬語や丁寧な言葉遣いを身につけておきましょう。

日本の将来のために

石井京子

◎ 日本の労働人口を考えると

　2015年10月1日現在の日本の人口は1億2,711万人でした。このうち働き盛りの生産年齢人口（15～64歳）は7,708万人で60%を占めます。世界で最も少子高齢化の進んでいる日本の約30年後（2050年）の人口はどのようになっているかというと、総人口は1億824万人と15.2%減少し、労働力人口は5,837万人（53.9%）になると推計されています（図1）。労働力人口だけを見ると7,708万人から5,837万人へと24.3%も減少する見通しです。

図1　人口ピラミッド

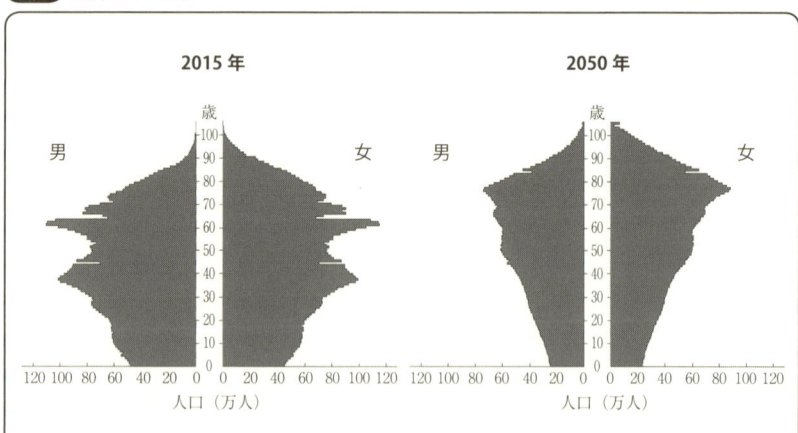

出典：平成24年1月推計．国立社会保障・人口問題研究所編『日本の将来推計人口』厚生統計協会，2013年．

日本の労働力人口が現在よりも24.3％も減少するということは、近い将来、絶対的に人手が不足するということです。若年・高齢者、女性、外国人、障害を持つ方など多様な働き手が活躍しなければ、経済活動は成り立っていかないでしょう。日本の将来を担う皆さんの活躍が望まれているのです。

　一方、日本における青少年人口（0歳～24歳）の割合は1974年に50％を切り、その後も減少を続け2008年には人口の29.8％まで減少、初めて3割を切っています。2012年版『子ども・若者白書』によると、通学もせず仕事も職業訓練もしない若者、いわゆる"ニート"（15～34歳）は2011年には60万人に上り、"ニート"や"ひきこもり"と呼ばれる若者の中には発達障害を持つ人が相当数いるといわれています。労働力人口が減少するなか、発達障害を持ちながらも「働こう」という意欲のある人がいる一方で、さまざまな理由で社会とうまく適合できていない若者たちがいることはとても残念なことです。

　さらに、労働力人口の変化によって企業の経済活動も変化することでしょう。安いコストを追及して、すでに日本のメーカーは続々と海外に進出しています。日系企業の工場は、従来の中国から、ベトナムなどをはじめとするより人件費の安い国々へとシフトしています。海外拠点で生産される日本製品が増えている現状に加え、メーカー以外の雇用、たとえばIT業界におけるプログラミングなどの業務もさらに海外に流出していくでしょう。高度な技術を伴わない労働が海外に次々と流出していけば、日本国内では単純労働を行う職場が少なくなるかもしれません。

◎ 潜在能力を見つける

　それでは、雇用が海外に流出している現状のもと、発達障害を持つ

方の雇用を確保していくためにはどうすればよいでしょうか。
　それには皆さん一人ひとりの能力を最大限に活かしていくことが不可欠です。発達障害を持つ方にはITリテラシーを持つ方が多いことが知られています。IT以外にもエンジニアや専門の知識を持つ研究者が多い半面、一般企業の事務系の職種における適職が数多くは見出されていません。
　人には誰しも必ず何か得意なことがあるはずです。何か一つ得意なことを見つけて伸ばすことができれば、自信につながります。仕事で活かせる能力は学校の教科とは異なります。特に学生の皆さんは自分の能力に気付いていない方が多いのではないかと思います。業界や職場によっても求められることは異なるでしょうが、どんな事が能力となるかを思いつくままに挙げてみます。
　たとえば、正確性を好む皆さんの細かい違いに気付く能力です。書類の読み合わせやチェックの際にミスに気付く能力は、契約書や申込書の審査をするのにうってつけの能力ではないでしょうか。発達障害を持つ方の適職として知られる会計、在庫管理や商品管理などの業務では、すでに能力を発揮している方が多いと思います。
　また、パソコンでインターネットを利用する人であれば、WEB上で業界の動向や競合の情報などのデータ検索を行うWEBクリッピング業務なども考えられるでしょう。視覚優位の能力を活かすなら、デザインや設計の分野にも可能性が広がっていくでしょう。言語優位の方には、翻訳を職業とした方も大勢います。そのほか、手先が器用、体力には自信があるなど個々の能力を見出すことができれば、可能性は限りなく広がります。あなたの持っている潜在能力をさらに活かしましょう。
　日本の将来のためにも、もっと多くの発達障害を持つ方に、自己の潜在能力に気付いて欲しいと思います。皆さんの持つ能力を、他の人

では替えられないほどの才能に開花させ、社会で活躍して欲しいと思います。

◎ 企業の障害者雇用促進への期待

一般的に、大企業には障害者の採用に長年携わっている担当者がいて、豊富な経験とノウハウを持ち、年間を通して障害者採用を行っています。日本全国で、常にアンテナを張りめぐらせて優秀な人材を探しているということです。

一方、外資系企業やベンチャー企業などでは一気に雇用が進むことがあります。特に外資系企業の場合は、人事担当者の熱意と行動力が法定雇用率達成の鍵となります。外資系企業の採用の場合、ヘッドカウントと呼ばれる採用人数枠は本国の承認と決裁が必要です。人事担当者が障害者雇用プロジェクトを進めるときにはバジェット（予算）を取ることから始めます。海外の本社には日本の特殊な事情が理解されにくい環境下で、人事担当者は電話、メール、レポート、場合によっては直接の交渉を繰り返し重ね、予算を獲得します。本社と交渉して予算を確保するほどの人事担当者なので、障害者の採用にあたっても極めて柔軟な発想でスピーディに面接を進めます。

また外資系企業の採用基準は、障害の内容には一切こだわらず、何ができるかという潜在能力で選考していることが特徴です。このように"能力"を選考基準とする採用方法は合理的で納得のいくものであり、採用担当者のより柔軟な発想にも期待します。

◎ 発達障害を持つ方の雇用促進への期待

あくまでも私個人の希望を込めた意見ですが、前述のような長年の障害者雇用のノウハウをもつ大企業の人事担当者や、外資系企業で障害者雇用プロジェクトを一気に成功させるほどの優秀な人事担当者

が、発達障害に対しても理解を深めたとしたら、発達障害を持つ方の雇用は急速に進むに違いありません。人事業務の中で障害者雇用および雇用管理の重要性がうたわれている昨今、発達障害を持つ方への理解と合理的配慮、そして職場で起きやすい問題への対応も含めた雇用管理を実践することは、今後の人事担当者のスキルとして高く評価できることだと思います。

　いち早く、発達障害を持つ方の能力を戦力として考えられる人事担当者が増えること、そして企業の現場に理解者が増えることを心から願ってやみません。

支援機関一覧（2017年1月現在）

発達障害者支援センター

発達障害がある方のための就労、医療、教育、福祉などの総合的な支援機関です。このリストは2017年1月現在の一覧です。最新の情報は、発達障害情報センターホームページ　http://www.rehab.go.jp/ddis/　を参照してください。

北海道発達障害者支援センター「あおいそら」
〒041-0802　北海道函館市石川町90-7　2階　☎0138-46-0851

北海道発達障害者支援道東地域センター「きら星」
〒080-2475　北海道帯広市西25条南4-9　☎0155-38-8751

北海道発達障害者支援道北地域センター「きたのまち」
〒078-8391　北海道旭川市宮前1条3丁目3番7号　旭川市障害者福祉センター「おぴった」内　☎0166-38-1001

札幌市自閉症・発達障がい支援センター「おがる」
〒007-0032　北海道札幌市東区東雁来12条4-1-5　☎011-790-1616

青森県発達障害者支援センター「ステップ」
〒030-0822　青森県青森市中央3-20-30　県民福祉プラザ3階　☎017-777-8201

青森県発達障害者支援センター「わかば」
〒037-0036　青森県五所川原市中央4丁目99　☎0173-26-5254

青森県発達障害者支援センター「Doors」
〒031-0814　青森県八戸市大字妙字坂中8-1-2　☎0178-51-6181

岩手県発達障がい者支援センター「ウィズ」
〒020-0401　岩手県盛岡市手代森6-10-6　岩手県立療育センター相談支援部内　☎019-601-2115

宮城県発達障害者支援センター「えくぼ」
〒981-3213　宮城県仙台市泉区南中山5-2-1　☎022-376-5306

仙台市北部発達相談支援センター「北部アーチル」
〒981-3133　宮城県仙台市泉区泉中央2-24-1　☎022-375-0110

仙台市南部発達相談支援センター「南部アーチル」
〒982-0012　宮城県仙台市太白区長町南3-1-30　☎022-247-3801

秋田県発達障害者支援センター「ふきのとう秋田」
〒010-1407　秋田県秋田市上北手百崎字諏訪ノ沢3-128　秋田県立医療療育センター内　☎018-826-8030

山形県発達障がい者支援センター
〒999-3145　山形県上山市河崎3-7-1　山形県立総合療育訓練センター内　☎023-673-3314

福島県発達障がい者支援センター
〒963-8041　福島県郡山市富田町字上ノ台4-1　福島県総合療育センター南棟2階　☎024-951-0352

茨城県発達障害者支援センター
〒311-3157　茨城県東茨城郡茨城町小幡北山 2766-37　社会福祉法人　梅の里内　☎ 029-219-1222

栃木県発達障害者支援センター「ふぉーゆう」
〒320-8503　栃木県宇都宮市駒生町 3337-1　とちぎリハビリテーションセンター内　☎ 028-623-6111

群馬県発達障害者支援センター
〒371-0843　群馬県前橋市新前橋町 13-12　群馬県社会福祉総合センター 7 階　☎ 027-254-5380

埼玉県発達障害者支援センター「まほろば」
〒350-0813　埼玉県川越市平塚新田東河原 201-2　☎ 049-239-3553

埼玉県発達障害総合支援センター
〒330-0081　埼玉県さいたま市中央区新都心 1-2　☎ 048-601-5551

さいたま市発達障害者支援センター
〒338-0013　埼玉県さいたま市中央区鈴谷 7-5-7　さいたま市障害者総合支援センター内 1 階　☎ 048-859-7422

千葉県発達障害者支援センター「CAS（きゃす）」
〒260-0856　千葉県千葉市中央区亥鼻 2-9-3　☎ 043-227-8557

千葉県発達障害者支援センター「CAS（きゃす）東葛飾」
〒270-1151　千葉県我孫子市本町 3-1-2　けやきプラザ 4 階　☎ 04-7165-2515

千葉市発達障害者支援センター
〒261-0003　千葉県千葉市美浜区高浜 4-8-3　千葉市療育センター内　☎ 043-303-6088

東京都発達障害者支援センター「TOSCA（トスカ）」
〒156-0055　東京都世田谷区船橋 1-30-9　☎ 03-3426-2318

神奈川県発達障害支援センター「かながわA（エース）」
〒259-0157　神奈川県足柄上郡中井町境 218　中井やまゆり園内　☎ 0465-81-3717

横浜市発達障害者支援センター
〒231-0047　神奈川県横浜市中区羽衣町 2-4-4　エバーズ第 8 関内ビル 5 階　☎ 045-334-8611

横浜市学齢後期発達相談室「くらす」
〒233-0002　神奈川県横浜市港南区上大岡西 2-8-18　ジャパンビル 3 階　☎ 045-349-4531

川崎市発達相談支援センター
〒210-0006　神奈川県川崎市川崎区砂子 1-7-5　タカシゲビル 3 階　☎ 044-223-3304

相模原市発達障害支援センター
〒252-0226　神奈川県相模原市中央区陽光台 3-19-2　相模原市立療育センター陽光園内　☎ 042-756-8410

山梨県立こころの発達総合支援センター
〒400-0005　山梨県甲府市北新 1-2-12　山梨県福祉プラザ 4 階　☎ 055-254-8631

長野県発達障がい者支援センター
〒380-0928　長野県長野市若里 7-1-7　長野県社会福祉総合センター 2 階　長野県精神保健福祉センター内　☎ 026-227-1810

岐阜県発達障害者支援センター「のぞみ」
〒502-0854　岐阜県岐阜市鷺山向井 2563-57　岐阜県立希望が丘学園内　☎ 058-233-5116

静岡県発達障害者支援センター「あいら」
〒 422-8031　静岡県静岡市駿河区有明町 2-20　静岡総合庁舎別館 3 階　☎ 054-286-9038

静岡市発達障害者支援センター「きらり」
〒 422-8006　静岡県静岡市駿河区曲金 5-3-30　静岡医療福祉センター 4 階　☎ 054-285-1124

浜松市発達相談支援センター「ルピロ」
〒 430-0933　浜松市中区鍛冶町 100-1　ザザシティ浜松　中央館 5 階　☎ 053-459-2721

あいち発達障害者支援センター
〒 480-0392　愛知県春日井市神屋町 713-8　愛知県心身障害者コロニー運用部療育支援課　☎ 0568-88-0811（内 2222）

名古屋市発達障害者支援センター「りんくす名古屋」
〒 466-0858　愛知県名古屋市昭和区折戸町 4-16　児童福祉センター内　☎ 052-757-6140

三重県自閉症・発達障害支援センター「あさけ」
〒 510-1326　三重県三重郡菰野町杉谷 1573　☎ 059-394-3412

三重県自閉症・発達障害支援センター「れんげ」
〒 519-2703　三重県度会郡大紀町滝原 1195-1　☎ 0598-86-3911

新潟県発達障がい者支援センター「RISE（ライズ）」
〒 951-8121　新潟県新潟市中央区水道町 1-5932　新潟県はまぐみ小児療育センター 2 階　☎ 025-266-7033

新潟市発達障がい支援センター 「JOIN（ジョイン）」
〒 951-8121　新潟県新潟市中央区水道町 1-5932-621　☎ 025-234-5340

富山県発達障害者支援センター「ほっぷ」
〒 931-8517　富山県富山市下飯野 36　☎ 076-438-8415

石川県発達障害支援センター
〒 920-8201　石川県金沢市鞍月東 2-6　石川県こころの健康センター内　☎ 076-238-5557

発達障害者支援センター「パース」
〒 920-3123　石川県金沢市福久東 1-56　オフィスオーセド 2 階　☎ 076-257-5551

福井県発達障害児者支援センター「スクラム福井」嶺南（敦賀）
〒 914-0144　福井県敦賀市桜ヶ丘町 8-6　野坂の郷内　☎ 0770-21-2346

福井県発達障害児者支援センター「スクラム福井」福井
〒 910-0026　福井県福井市光陽 2-3-36　福井県総合福祉相談所内　☎ 0776-22-0370

福井県発達障害児者支援センター「スクラム福井」奥越（大野）
〒 912-0061　福井県大野市篠座 79-53　希望園内　☎ 0779-66-1133

滋賀県発達障害者支援センター
〒 525-0072　滋賀県草津市笠山八丁目 5-130　むれやま荘内　☎ 077-561-2522

京都府発達障害者支援センター「はばたき」
〒 612-8416　京都府京都市伏見区竹田流池町 120　京都府精神保健福祉総合センター内　☎ 075-644-6565

京都市発達障害者支援センター「かがやき」
〒 602-8144　京都府京都市上京区丸太町通黒門東入藁屋町 536-1　☎ 075-841-0375

大阪府発達障がい者支援センター「アクトおおさか」
〒540-0026　大阪市中央区内本町1-2-13　谷四ばんらいビル10階A　☎06-6966-1313

大阪市発達障がい者支援センター「エルムおおさか」
〒547-0026　大阪府大阪市平野区喜連西6-2-55　大阪市立心身障がい者リハビリテーションセンター2階　☎06-6797-6931

堺市発達障害者支援センター「アプリコット堺」
〒590-0808　大阪府堺市堺区旭ケ丘中町4丁3-1　堺市立健康福祉プラザ3階　☎072-275-8506

ひょうご発達障害者支援センター「クローバー」
〒671-0122　兵庫県高砂市北浜町北脇519　☎079-254-3601

ひょうご発達障害者支援センター「クローバー」（加西ブランチ）
〒675-2321　兵庫県加西市北条町東高室959-1　地域生活支援事務所　はんど内　☎0790-43-3860

ひょうご発達障害者支援センター「クローバー」（芦屋ブランチ）
〒659-0015　兵庫県芦屋市楠町16-5　☎0797-22-5025

ひょうご発達障害者支援センター「クローバー」（豊岡ブランチ）
〒668-0065　兵庫県豊岡市戸牧1029-11　北但広域療育センター　風内　☎0796-37-8006

ひょうご発達障害者支援センター「クローバー」（宝塚ブランチ）
〒665-0035　兵庫県宝塚市逆瀬川1-2-1　アピア1　4階　☎0797-71-4300

ひょうご発達障害者支援センター「クローバー」（上郡ブランチ）
〒678-1262　兵庫県赤穂郡上郡町岩木甲701-42　地域障害者多目的作業所　フレンズ内　☎0791-56-6380

神戸市発達障害者支援センター
〒650-0044　兵庫県神戸市中央区東川崎町1-3-3　神戸ハーバーランドセンタービル9階　☎078-382-2760

奈良県発達障害者支援センター「でぃあー」
〒630-8424　奈良県奈良市古市町1-2　奈良仔鹿園内　☎0742-62-7746

和歌山県発達障害者支援センター「ポラリス」
〒641-0044　和歌山県和歌山市今福3-5-41　愛徳医療福祉センター内　☎073-413-3200

「エール」鳥取県発達障がい者支援センター
〒682-0854　鳥取県倉吉市みどり町3564-1　鳥取県立皆成学園内　☎0858-22-7208

島根県東部発達障害者支援センター「ウィッシュ」
〒699-0822　島根県出雲市神西沖町2534-2　☎050-3387-8699

島根県西部発達障害者支援センター「ウィンド」
〒697-0005　島根県浜田市上府町イ2589　こくぶ学園内　☎0855-28-0208

おかやま発達障害者支援センター（本所）
〒703-8555　岡山県岡山市北区祇園866　☎086-275-9277

おかやま発達障害者支援センター（県北支所）
〒708-8210　岡山県津山市田町31　津山教育事務所内　☎0868-22-1717

岡山市発達障害者支援センター
〒700-0905　岡山県岡山市北区春日町5-6　岡山市勤労者福祉センター1階　☎086-236-0051

広島県発達障害者支援センター
〒739-0001　広島県東広島市西条町西条414-31　サポートオフィスQUEST内　☎082-490-3455

広島市発達障害者支援センター
〒732-0052　広島県広島市東区光町2-15-55　広島市児童総合相談センター内　☎082-568-7328

山口県発達障害者支援センター「まっぷ」
〒753-0302　山口県山口市仁保中郷50　☎083-929-5012

徳島県発達がい者総合支援センター「ハナミズキ」
〒773-0015　徳島県小松島市中田町新開2-2　☎0885-34-9001

香川県発達障害者支援センター「アルプスかがわ」
〒761-8057　香川県高松市田村町1114　かがわ総合リハビリテーションセンター内　☎087-866-6001

愛媛県発達障害者支援センター「あい・ゆう」
〒791-0212　愛媛県東温市田窪2135　愛媛県立子ども療育センター1階　☎089-955-5532

高知県立療育福祉センター発達支援部
〒780-8081　高知県高知市若草町10-5　☎088-844-1247

福岡県発達障害者支援センター「ゆう・もあ」
〒825-0004　福岡県田川市夏吉4205-7　☎0947-46-9505

福岡県発達障害者支援センター「あおぞら」
〒834-0122　福岡県八女郡広川町一條1361-2　☎0942-52-3455

北九州市発達障害者支援センター「つばさ」
〒802-0803　福岡県北九州市小倉南区春ヶ丘10-2　北九州市立総合療育センター内　☎093-922-5523

福岡市発達がい者支援センター「ゆうゆうセンター」
〒810-0065　福岡県福岡市中央区地行浜2-1-6　福岡市発達教育センター内　☎092-845-0040

佐賀県発達障害者支援センター「結」
〒841-0073　佐賀県鳥栖市江島町字西谷3300-1　☎0942-81-5728

長崎県発達障害者支援センター「しおさい(潮彩)」
〒854-0071　長崎県諫早市永昌東町24-3　長崎県こども医療福祉センター内　☎0957-22-1802

熊本県北部発達障がい者支援センター「わっふる」
〒869-1235　熊本県菊池郡大津町室213-6　さくらビル2階　☎096-293-8189

熊本県南部発達障がい者支援センター「わるつ」
〒866-0885　熊本県八代市永碇町1297-1　森内ビル201号室　☎0965-62-8030

熊本市発達障がい者支援センター「みなわ」
〒862-0971　熊本県熊本市中央区大江5丁目1番1号　ウェルパルくまもと2階　☎096-366-1919

大分県発達障がい者支援センター「ECOAL（イコール）」
〒870-0047　大分市中島西1丁目4番14号　市民の権利ビル202　☎097-513-1880

宮崎県中央発達障害者支援センター
〒889-1601　宮崎県宮崎市清武町木原4257-7　ひまわり学園内　☎0985-85-7660

宮崎県延岡発達障害者支援センター
〒889-0514　宮崎県延岡市櫛津町3427－4　ひかり学園内　☎0982-23-8560

宮崎県都城発達障害者支援センター
〒885-0094　宮崎県都城市都原町7171　高千穂学園内　☎0986-22-2633

鹿児島県発達障害者支援センター
〒891-0175　鹿児島県鹿児島市桜ヶ丘6-12　鹿児島県こども総合療育センター内　☎099-264-3720

沖縄県発達障害者支援センター「がじゅま～る」
〒904-2173　沖縄県沖縄市比屋根5-2-17　沖縄中部療育医療センター内　☎098-982-2113

地域障害者職業センター

ここでは、職業相談や職業準備支援などのサービスとハローワーク等の関係機関と連携した就労支援を受けることができます。
※ このリストは 2017 年 3 月現在の一覧であり、その後変更が加わる可能性があります。最新の情報は、高齢・障害・求職者雇用支援機構ホームページ　http://www.jeed.or.jp/　を参照してください。

北海道障害者職業センター
〒 001-0024　札幌市北区北二十四条西 5-1-1　札幌サンプラザ 5 階　☎ 011-747-8231

北海道障害者職業センター　旭川支所
〒 070-0034　旭川市四条通 8 丁目右 1 号　ツジビル 5 階　☎ 0166-26-8231

青森障害者職業センター
〒 030-0845　青森市緑 2-17-2　☎ 017-774-7123

岩手障害者職業センター
〒 020-0133　盛岡市青山 4-12-30　☎ 019-646-4117

宮城障害者職業センター
〒 983-0836　仙台市宮城野区幸町 4-6-1　☎ 022-257-5601

秋田障害者職業センター
〒 010-0944　秋田市川尻若葉町 4-48　☎ 018-864-3608

山形障害者職業センター
〒 990-0021　山形市小白川町 2-3-68　☎ 023-624-2102

福島障害者職業センター
〒 960-8054　福島市三河北町 7-14　福島職業能力開発促進センター内　☎ 024-526-1005

茨城障害者職業センター
〒 309-1703　笠間市鯉淵 6528-66　☎ 0296-77-7373

栃木障害者職業センター
〒 320-0865　宇都宮市睦町 3-8　☎ 028-637-3216

群馬障害者職業センター
〒 379-2154　前橋市天川大島町 130-1　☎ 027-290-2540

埼玉障害者職業センター
〒 338-0825　さいたま市桜区下大久保 136-1　☎ 048-854-3222

千葉障害者職業センター
〒 261-0001　千葉市美浜区幸町 1-1-3　☎ 043-204-2080

東京障害者職業センター
〒 110-0015　台東区東上野 4-27-3　上野トーセイビル 3 階　☎ 03-6673-3938

東京障害者職業センター　多摩支所
〒190-0012　立川市曙町2-38-5　立川ビジネスセンタービル5階　☎042-529-3341

神奈川障害者職業センター
〒252-0315　相模原市南区桜台13-1　☎042-745-3131

新潟障害者職業センター
〒950-0067　新潟市東区大山2-13-1　☎025-271-0333

富山障害者職業センター
〒930-0004　富山市桜橋通り1-18　北日本桜橋ビル7階　☎076-413-5515

石川障害者職業センター
〒920-0901　金沢市彦三町1-2-1　アソルティ金沢彦三2階　☎076-225-5011

福井障害者職業センター
〒910-0026　福井市光陽2-3-32　☎0776-25-3685

山梨障害者職業センター
〒400-0864　甲府市湯田2-17-14　☎055-232-7069

長野障害者職業センター
〒380-0935　長野市中御所3-2-4　☎026-227-9774

岐阜障害者職業センター
〒502-0933　岐阜市日光町6-30　☎058-231-1222

静岡障害者職業センター
〒420-0851　静岡市葵区黒金町59-6　大同生命静岡ビル7階　☎054-652-3322

愛知障害者職業センター
〒453-0015　名古屋市中村区椿町1-16　井門名古屋ビル4階　☎052-452-3541

愛知障害者職業センター　豊橋支所
〒440-0888　豊橋市駅前大通り1-27　MUS豊橋ビル6階　☎0532-56-3861

三重障害者職業センター
〒514-0002　津市島崎町327-1　☎059-224-4726

滋賀障害者職業センター
〒525-0027　草津市野村2-20-5　☎077-564-1641

京都障害者職業センター
〒600-8235　京都市下京区西洞院通塩小路下る東油小路町803　☎075-341-2666

大阪障害者職業センター
〒541-0056　大阪市中央区久太郎町2-4-11　クラボウアネックスビル4階　☎06-6261-7005

大阪障害者職業センター　南大阪支所
〒591-8025　堺市北区長曽根町130-23　堺商工会議所5階　☎072-258-7137

兵庫障害者職業センター
〒657-0833　神戸市灘区大内通5-2-2　☎078-881-6776

奈良障害者職業センター
〒630-8014　奈良市四条大路4-2-4　☎ 0742-34-5335

和歌山障害者職業センター
〒640-8323　和歌山市太田130-3　☎ 073-472-3233

鳥取障害者職業センター
〒680-0842　鳥取市吉方189　☎ 0857-22-0260

島根障害者職業センター
〒690-0877　松江市春日町532　☎ 0852-21-0900

岡山障害者職業センター
〒700-0821　岡山市北区中山下1-8-45　NTTクレド岡山ビル17階　☎ 086-235-0830

広島障害者職業センター
〒732-0052　広島市東区光町2-15-55　☎ 082-263-7080

山口障害者職業センター
〒747-0803　防府市岡村町3-1　☎ 0835-21-0520

徳島障害者職業センター
〒770-0823　徳島市出来島本町1-5　☎ 088-611-8111

香川障害者職業センター
〒760-0055　高松市観光通2-5-20　☎ 087-861-6868

愛媛障害者職業センター
〒790-0808　松山市若草町7-2　☎ 089-921-1213

高知障害者職業センター
〒781-5102　高知市大津甲770-3　☎ 088-866-2111

福岡障害者職業センター
〒810-0042　福岡市中央区赤坂1-6-19　ワークプラザ赤坂5階　☎ 092-752-5801

福岡障害者職業センター　北九州支所
〒802-0066　北九州市小倉北区萩崎町1-27　☎ 093-941-8521

佐賀障害者職業センター
〒840-0851　佐賀市天祐1-8-5　☎ 0952-24-8030

長崎障害者職業センター
〒852-8104　長崎市茂里町3-26　☎ 095-844-3431

熊本障害者職業センター
〒862-0971　熊本市中央区大江6-1-38　4階　☎ 096-371-8333

大分障害者職業センター
〒874-0905　別府市上野口町3088-170　☎ 0977-25-9035

宮崎障害者職業センター
〒880-0014　宮崎市鶴島2-14-17　☎ 0985-26-5226

鹿児島障害者職業センター
〒890-0063　鹿児島市鴨池 2-30-10　☎ 099-257-9240

沖縄障害者職業センター
〒900-0006　那覇市おもろまち 1-3-25　沖縄職業総合庁舎 5 階　☎ 098-861-1254

若者サポートステーション　　※手帳がなくても利用可
15～34歳の仕事に就いていない若者に対して、自立と社会参加を促すことを目的に設立された機関です。実際に社会で活躍している人の話を聞いたり、職場を見学しながら、就労に関する知識を得ることができます。

就職支援ナビゲーター（旧就職チューター）　　※手帳がなくても利用可
ハローワークの一般窓口の一部に配属されている、若年層（15～34歳）と障害者の個別相談に対応する専門員です。キャリアカウンセラーや臨床心理士の資格を持つ専門員に、予約制でじっくり話を聞いてもらうことができます。

ハローワーク・専門援助窓口
障害者雇用の求人票を検索できる窓口で、求職申込みをして利用します。応募したい求人が決まったら、窓口に申し出て紹介状を受け取ります。就職に関するさまざまな相談をすることができます。

障害者就業・生活支援センター
障害がある方の就労や生活に関する支援を行う機関です。

就労移行支援事業所
就職に向けた準備（パソコン研修、ビジネスマナー講座、企業実習、求職活動の支援）を提供する機関です。事業所により障害を特定しているところもあります。就労実績の多い事業所を選んで利用しましょう。

就労継続事業所A型・B型
労働・生産活動を通じて知識・技能を習得し、就労を目指します。在住する市区町村の福祉課窓口に申請して利用します。

障害者就労支援センター
就職に向けた準備（研修、実習、求職活動などの支援）を提供する機関です。

おわりに

　発達障害に関する勉強会で、当事者の方からこう質問されました。
「発達障害者の長所はどんなところですか？」
　私は答えました。
「真面目で集中力のあるところだと思います」

　連日のように私のオフィスへ、"素直で真面目で一生懸命な"発達障害を持つ方が相談にみえます。皆さんが就職活動で困っている姿を目の当たりにして、私はいつも「発達障害を持つ方に合う仕事は何だろう？」、「どうしたら皆さんの能力をもっと活かせるのだろう？」と考えています。

　発達障害を持つ方にはいろいろなタイプの方がいます。
　たとえば、受動的なタイプのアスペルガー症候群の方は、自ら積極的に周囲に関わったり目立つ行動はしませんが、比較的個人で完結する仕事で職場にうまく適応できる方が多いようです。そのような方は、特性を理解してもらえる環境を用意できれば、元々真面目で手を抜かずに集中して仕事に取り組むので、十分に能力を発揮できます。

　一方で、企業の人事担当者から扱いにくい事例として相談を受けるのが、アスペルガー症候群の中でも、他の人の意見を聞き入れず自分の考えを主張するタイプのケースです。能力のある方が多いのですが、時として自分の意見を譲らず、周囲と衝突したり上司にも自分の意見を主張したりする方が多いと聞きます。このタイプの当事者からも多くの相談

を受けます。時折独特な意見を主張されますが、私たちキャリアアドバイザーは「それは○○さんの考えであって、私たちの考えとは違います」とはっきり伝えることもあります。はっきり意見を伝えても、気を悪くすることもなく、また後日別の相談での連絡があるので、考え方の違いを理解することが大事なのではないかと思います。

　発達障害の中でも、人と接することが好きで話好きな方の場合は、一見周囲とコミュニケーションが取れているように見えます。しかし、客観的な視点を持てないために自己認識が不足しているので、就職という場面では自分の特性に合わない職業を選んでしまうケースが多いようです。営業や接客などお客様から直接クレームを受ける仕事などは、必ずしも発達障害を持つ方に合わないと決めつける訳ではないのですが、できれば避けて欲しいと思います。

　過去の就労体験の中で、周囲に自分の特性を理解されず、自分でもうまく対応ができずにお客様からのクレームを引き起こした経験や、上司に失敗を叱責されたりなどのつらい経験を持っている方は、次にどのような職種を選べばいいのか迷い、就職活動に不安を感じている方が多いように思います。自分の特性によりミスをしやすい方は、事務でも細かい数字の正確性を重視されるような業務は避けたいところです。

　それぞれの人にどんな仕事をすすめたらいいか、とても難しいところですが、何か一つ特筆できるスキルを持っていれば、そのスキルが重要なアピールポイントになります。就職活動で必要なことは自分の持っている能力を最大限に活かすことです。社会に出て働いている人たちも、皆それぞれに日々努力しているのです。皆さんもそれを忘れないで日々

努力を続けてください。

　本書の中で、一部の企業では即戦力となる人材を求めていることを説明しました。しかし、日本全国で企業（第一次産業を除く）は約421万社もあります。そのうち大企業は約1万2千社（0.3％）でしかありません。大企業というブランドにこだわらなければ、皆さんに合った会社を見つけられるはずです。皆さん自身が自分の特性を知り、自分のライフスタイルに合う働き方を選択してほしいと思います。両親に言われたからとか、誰に言われたからでなく、自らの意思で自分に合う仕事、働き方を選択することが何よりも重要です。十分に情報収集して、自分にはどんな働き方が合っているかを考え、多様な仕事、多様な働き方の中から最適な職業選択をしてほしいと思います。

　そして、社会に一歩踏み出したら、いつまでも一から十まで指示してもらうことはできません。皆さんは自分に任せられた仕事については自分なりにやり方を考え、与えられた権限の中で自分で決めなくてはなりません。もし失敗したとしても、失敗から学べることはたくさんあります。失敗は結果として成長につながるのです。失敗をすることを怖れず、いろいろな事を学んでいって欲しいと思います。
　皆さんを理解し、支援する人たちかたくさんいます。それを忘れずに、さあ就職活動を始めましょう。

　　　　　　　　　　　　　　　　　　　　　　　　　　　石井京子

著者

石井京子
一般社団法人 日本雇用環境整備機構 理事長
上智大学外国語学部英語学科卒業。通信会社を経て、障害のある方専門の人材紹介事業に創設期より参加。複数の人材サービス会社にて、数多くの企業に障害者雇用に関するコンサルティングサービスを提供する他、難病や障害のある方の就労支援に幅広く対応。発達障害のある方の就労に関する執筆や講演活動にも積極的に取り組む。
（社）日本雇用環境整備機構 http://www.jee.or.jp/

コラム執筆者（掲載順）

江口博美
株式会社 Kid's Power 代表取締役社長
看護師として病院勤務後、発達障害がある子どもと家族へのセラピーを家庭訪問で始め、2003年に株式会社 Kid's Power を設立。家庭で家族ができる子育てとしてのセラピーをモットーとし、コミュニケーション、遊び、社会性を教える。また、小学校の教育場面を設定した集団スキルの講習など、幼児期、学童期の子ども達を中心にサービスを展開する。

二宮信一
北海道教育大学釧路校 准教授
法政大学文学部日本文学科、北海道大学大学院教育学研究科修士課程修了。特別支援教育における地域連携、専門職の役割について研究活動を進めるかたわら、北海道特別支援教育学会理事、釧路教育局・根室教育局特別支援連携協議会専門家チーム委員を務める。

村上由美
VoiceManage 代表／言語聴覚士
上智大学文学部心理学科、国立身体障害者リハビリテーションセンター学院聴能言語専門職員養成課程卒業。幼少時、自閉症の可能性を指摘され、心理士や母親の療育を受けて育つ。総合病院での就労後、重症心身障害児施設で言語聴覚療法や発達相談などに携わり、現在は声に関するセミナーの開催、自治体の発育・発達相談、講演活動などで活躍。

佐藤貴紀
NPO 法人翔和学園 進路指導担当
発達障害を抱えた人、不登校やひきこもりの経験がある人、人間関係やコミュニケーションに不安のある人を対象として、「社会性を学び、集団の中で生きる力を身につける」ための特別支援教育を行う NPO 法人翔和学園で、社会に出るための最終段階となる進路指導を担当。

鈴木慶太
株式会社 Kaien 代表取締役社長
東京大学経済学部卒業後、NHK アナウンサーとして災害報道やニュース番組制作を担当。その後アメリカ・ノースウエスタン大学ケロッグ経営大学院に留学。渡米直前に長男が高機能自閉症と診断されたことから、仕学中は自閉症者のためのビジネスモデルを研究。それを元に、自閉症者の強みを活用した会社である株式会社 Kaien を 2009 年 9 月に設立。

編集協力：渡辺彩子

人材紹介のプロがつくった
発達障害の人の就活ノート

2010（平成22）年7月15日　初版1刷発行
2017（平成29）年4月15日　同　8刷発行

著　者　石　井　京　子
発行者　鯉　渕　友　南
発行所　株式会社　弘文堂　101-0062　東京都千代田区神田駿河台1の7
　　　　　　　　　　　　　TEL03(3294)4801　　振替00120-6-53909
　　　　　　　　　　　　　http://www.koubundou.co.jp

装　幀・本文デザイン　日高祐也
印　刷　大盛印刷
製　本　井上製本所

Ⓒ 2010 Kyoko Ishii. Printed in Japan.
JCOPY　〈(社)出版者著作権管理機構　委託出版物〉
本書の無断複写は著作権法上での例外を除き禁じられています。複写される場合は、そのつど事前に、出版者著作権管理機構（電話 03-3513-6969、FAX 03-3513-6979、e-mail:info@jcopy.or.jp）の許諾を得てください。

ISBN978-4-335-65144-1